温尼科特心理治疗经典译丛

家庭与个体发展

THE FAMILY AND INDIVIDUAL DEVELOPMENT

原著　D. W. Winnicott

译者　卢　林　邬晓燕　吴　江

北京大学医学出版社

JIATING YU GETI FAZHAN

图书在版编目（CIP）数据

家庭与个体发展 /（英）温尼科特（Winnicott）原著；卢林，邬晓燕，吴江译．—北京：北京大学医学出版社，2019. 10（2023. 8 重印）
书名原文：The Family and Individual Development
ISBN 978-7-5659-2044-8

Ⅰ. ①家… Ⅱ. ①温… ②卢… ③邬… ④吴… Ⅲ. ①家庭教育 ②儿童心理学 Ⅳ. ① G78 ② B844.1

中国版本图书馆 CIP 数据核字（2019）第 180605 号

北京市版权局著作权合同登记号：图字：01-2014-4679

家庭与个体发展

译　　者：卢　林　邬晓燕　吴　江
出版发行：北京大学医学出版社
地　　址：（100191）北京市海淀区学院路 38 号　北京大学医学部院内
电　　话：发行部　010-82802230；图书邮购　010-82802495
网　　址：http://www.pumpress.com.cn
E-mail：booksale@bjmu.edu.cn
印　　刷：中煤（北京）印务有限公司
经　　销：新华书店
责任编辑：董采萱　　**责任校对：**靳新强　　**责任印制：**李　啸
开　　本：880 mm × 1230 mm　1/32　　**印张：**8.25　　**字数：**176 千字
版　　次：2019 年 10 月第 1 版　2023 年 8 月第 2 次印刷
书　　号：ISBN 978-7-5659-2044-8
定　　价：65.00 元

中文版序一

最温柔的男人

温尼科特（D. W. Winnicott）让我想起精神分析中的一个解释：为什么世界顶级大厨鲜有女性？因为厨房和食物是乳房的象征，而早期的男女都是需要母亲的乳房的，后来女性自己有了乳房，而没有乳房的男性怅然若失，特别是那些早年缺乏母爱的孩子，更是心神往之。对于男性，一个解决之道就是立志到米其林星级餐馆当大厨去，为各路饕餮提供鲜美食物，因为厨房本身就是个硕大的乳房的意象。

温尼科特对母婴关系的观察细致入微，有如上面男性大厨与乳房的关系，在我看来也是有着类似象征意义的。他本人先是当了多年的儿科医生，然后开始了精神分析的训练，接受弗洛伊德弟子斯特拉齐（John Strachey）和里维埃（Joan Riviere）的分析。所有这些训练并没有让他停留在经典的弗洛伊德理论中，也没有使他陷在当时自我心理学的包围之中，他根据自己的临床实践提出很多有实际意义的见解，发展出客体关系理论中极富特点的理论。比如，被视为病理性的“退行”在他看来却是治疗的契机，他打破传统精神分析的“节制”，对儿童进行治疗时根据治疗的需要接触儿童（拥抱）或者延长治疗时间。他还制造出许多我们现在经常挂在口头上的名词，比如“刚刚好的母亲”（good enough mother；曾奇峰的翻译，我极同意）、

“过渡性客体”等。

温尼科特跟父亲在一起的时间并不多，正如他自己说的：“他绝大部分时间把我扔给了我的妈妈们。”温尼科特与母亲和两个姐姐的感情甚好。除了母亲和姐姐，他还有一位保姆、一位女教师和一位经常住在他家的姑姑。他也认为自己是“一个有多位‘母亲’的独生子”。可以说，温尼科特是精神分析界的“贾宝玉”，他 9 岁照镜子看见自己的脸说：“它太友善啦！”

温尼科特著述甚丰，有人曾描述温尼科特是在出版（published）和未出版（unsaid）之间完成著作的。

本次出版的四本书——《婴儿与母亲》《游戏与现实》《家庭与个体发展》《人类本性》，对于大众而言，既可以是专业书籍，也可作为“育儿圣经”。书里面的文字平实无华，但阅读时常有拍案叫绝的冲动。

在《婴儿与母亲》一书中，温尼科特描述了对一个 4 岁的精神分裂症男孩的观察：“在我的治疗室里，他玩着再次出生的游戏，他坐在母亲的膝部，将母亲的腿向外拉直，并沿着她的腿一直往下滑到地上。这个游戏，他做了一遍又一遍，这是源于与母亲特殊关系的一种很特别的游戏……这个游戏涉及象征手法，它将所有普通正常人喜欢做的事情结合了起来，它还结合了梦里出现的出生方式。这是这个男孩对出生的直接记忆吗？实际上不是，因为他是剖宫产出生的……”在此，我们看到，温尼科特的治疗是游戏和观察式的，他将孩子的所有表现（即便是诊断为精神分裂症）都视为有意义、有联系的行为，并尝试去理解它。

在《游戏与现实》一书中，温尼科特描述了一个“无定型区域”的概念，那是来自对一个中年妇女的梦进行分析的内容。温尼科特指出，以未定型布料在成型、被裁剪和塑造以及组合之前的形态出现在梦中，使这位妇女回忆起童年的经历，在她童年时没有一个人可以理解她，这使她不得不从无定型的状态开始。

在《家庭与个体发展》中，温尼科特描述道：“读者可能会说，很多母亲自己就很糟糕，她们通过易激惹或其他更直接的方式将自己的性挫折传递给婴儿……我要说当照料婴儿或儿童的人是神经质或近精神病的（很多人是这样的），他们就不可能被教导，我们的希望在那些或多或少仍正常的人身上……”温尼科特在此对母亲的神经质是包容和理解的，他指出了一个残酷的现实，那就是医护人员和保姆等照料者往往成为母婴创伤的一个重要来源。在网络时代，我们有机会看到那些不称职的照料者——保姆——甚至是残酷地对幼小的婴儿进行虐待。

在《人类本性》一书中，温尼科特指出，婴儿在子宫内意识到母亲的呼吸，然后在子宫外意识到母亲的呼吸，最后是意识到自己的呼吸。温尼科特关注心身的观点，认为出生时的躯体感受会持续终身。

虽然，温尼科特作为精神分析师写出了大量理论性的书稿，但从他的字里行间中可以看出他对婴儿、儿童与他们母亲之间互动的仔细观察以及对其中现象的理解。这是基于温尼科特对人性的兴趣和一种回到母婴关系的动力所促成的，也是一种对理想母婴状态期待的结果。

如果说弗洛伊德是母亲的儿子，他一辈子都在向父亲致敬，难以逾越；温尼科特则作为象征性父亲，理解了母亲，看到了孩子，代言了婴儿，呈现出父亲角色的核心——温和有力、宽厚包容。他可以说是最温柔的男人！

施琪嘉

2016 年 3 月 1 日于西安

中文版序二

温尼科特，刚刚好

2009年，在武汉中德心理医院的会议室里，我们初识温尼科特，到今天一晃7年过去了。温尼科特这四本书来得刚好，就像温尼科特这个人和他的理论一样。

弗洛伊德的书当然大家都在读，无论是真感兴趣，还是要获得一种认同。但不是每一个精神分析理论家的书都能获得“必读”的地位。一些精神分析理论家曾经产生过巨大的影响，例如卡尔·亚伯拉罕（Karl Abraham），但是今天读他所著书籍的人已经不多。另一些精神分析理论家的影响局限在某一个文化共同体内，如自我心理学（Ego Psychology）主要在北美产生影响，而雅克·拉康（Jacques Lacan）的影响则局限于法国和南美。但是，温尼科特提出的概念、理论和思想似乎在全世界范围内都是“免签证”的：盎格鲁-撒克逊精神分析圈的人在读，拉丁系精神分析圈的人也在读，现在在东亚圈里也炙手可热。尤其是今年中国的“二胎”政策开放以来，微信朋友圈里满是温尼科特的文章翻译和导论性质的微课，我也凑热闹讲过一次，听众居然接近2500人！不知道当年温尼科特在英国广播公司（BBC）的公开讲座会有多少人同时聆听。

温尼科特为人处世的方式刚刚好。他没有特别强的执念，也并非没有自己的原则，没有像梅兰妮·克莱恩（Melanie

Klein）一样的圈子，但是也没有由于要搞好各种关系而失去自己的个性，到头来其实他的“圈子”并不小。法国的 Andre Green，美国的 Thomas Ogden、Michael Eigen 和 Christopher Bollas（后移居英国）等都挺“粉”温尼科特的。他的性格也刚刚好，没有明显的人格问题，也没有高尚到要上神坛，比较符合“中庸之道”。顺便提一下，我当时试译温尼科特时，对他的生平没有很多了解。2013 年我在香港住的时候，从香港大学图书馆读过 F. Robert Rodman 所著的 *Winnicott：Life and Work* 一书，看后对他的生平有了更多了解。我当时在想，把温尼科特的著作译成中文该多好！后来没过多久，就在诚品书店里看到了台湾学者译出的繁体版。之后我又想，早点推出大陆简体版该多好。没想到现在这个简体版也要上市了！真是越来越“温热”啊！

温尼科特的理论也来得刚刚好。他既重视母婴之间的互动，也重视主体内在的精神结构；既重视分析双方的实际关系，也重视诠释的深度。所以他的理论不仅能跟很多精神分析家的理论“无缝对接”，也能跟很多文化有“预先的和谐关系”。我想这就是他在中国越来越受欢迎的原因吧。此外，温尼科特表述理论的方式也是刚刚好的，平易近人又不失深刻隽永，大部分著作整理自演讲，读起来也如师在侧、如友在邻。

来，我们一起读温尼科特。

张沛超

2016 年 3 月 24 日于深圳

中文版前言

与温尼科特相遇

2003年，施琪嘉老师递给我一本英文原版的《游戏与现实》，说：“把第3章翻译出来，我讲课要用。”我花了1周时间把第3章翻译出来，并趁机翻看了全书。我深深地被这本书吸引，感觉受到很大的触动。1周后，我把译文与原书一同交还给施教授，一点都没有觉得日后自己会成为这本书的译者。与其他心理学大师一样，温尼科特被我放在心中的神坛上供奉着、祭拜着。许多年后，当师弟汤海鹏和我谈到他希望翻译这本书，但担心找不到出版社，问我有没有这样的关系时，我出于助人的目的，帮他联系了北京大学医学出版社的冯智勇老师。冯老师慧眼识书，认为这是极有价值的书，温尼科特也是非常有学术地位的分析师。他和他的同事董采萱老师、药蓉老师赋予本书极大的热情，鼓励我们翻译一套书，哪怕是从温尼科特的诸多著作中选择几本也可以。就这样，我们不知天高地厚地开始了这四本书的翻译，甚至忽视了自己的英文和中文水平有限，从此开始了感动与痛苦的几年！

很多施老师的研究生都曾经参与过这几本书的翻译，但最初的译文过于粗制滥造。我们曾经有一段时间每周二晚上在武汉中德心理医院的会议室聚会，讨论我们觉得有争议的句子。温尼科特书中的很多独创词汇，或虽常用但被他改变了意义的词汇，以及他发散性的思维和不聚焦的写作方式，都让我们非常有挫败感。翻译组的人几经更迭，译稿也反复重写，我们仍担心会不会搞错了温尼科特的原意，弄得老爷子半夜从坟墓里爬出来朝我们怒吼——“你们瞎译”。我们渐渐发现自己的中文也学得不够好，因为有时候理解了温尼科特的意思，却很难用合适的中文写出来。我们几次想要放弃，但出版社的几位编辑却在百忙之中一直鼓励我们坚持，这使我们能够在各种挫败中最终完成了翻译工作。真的，此刻我最想感谢的就是这几位编辑——冯智勇、董采萱和药蓉老师，尤其是董老师，她一直持续地鼓励着我们，并多次通过邮件和视频与我讨论各种困难及具体细节。我想我欠董老师一碗热干面和一份豆皮！当然，还要感谢出现在我们译者名单中的各位老师，以及曾经参加翻译的李航老师、刘文婷老师等。

我们做了一件力所不能及的事，译文中难免尚存诸多遗憾，如果有机会再版，当全力修改。但能勉为其难地第一次把温尼科特的著作用中文简体版呈现给喜欢温尼科特的各位读者，我们在羞愧中也感到自豪，因为这可以帮助中国的读者与温尼科特在“过渡性空间”里相遇。

最后我要感谢在修稿令我感到无比痛苦、烦躁甚至愤怒的夜晚无限包容我的家人！

在结束这篇前言之前，董老师告诉我她查的这四本书的出版顺序是：《家庭与个体发展》（1965 年）→《游戏与现实》（1971 年）→《婴儿与母亲》（1987 年）→《人类本性》（1988 年）。作为中文简体版的译者之一，我建议大家阅读的顺序是：

《婴儿与母亲》→《游戏与现实》→《家庭与个体发展》→《人类本性》。这样的顺序也许能帮助大家更容易进入到一个“过渡性空间”和温尼科特相遇。

卢　林

2016 年 3 月 12 日于伦敦

原著前言

在这里我汇集了过去十年的文章，多数是面向社会工作者的。这本书的核心是“家庭”，以及在“家庭”这一自然团体之外的社会团体的发展。我用各种方式尝试并反复陈述儿童个体的情感发展理论，我有很恰当的理由，即家庭结构在很大程度上会影响个体的人格发展趋势。

当发展中的儿童遭遇社会压力时，家庭便有了清晰的地位界定。这种交流的原型可以在原生的母婴关系中被找到。在这一关系中，母亲以一种极其复杂的方式向婴儿呈现了整个世界，而这可能帮助或阻碍儿童成长的内在趋势。虽然书中每篇文章的内容都是在某一特定时间或地点、针对某些听众的需要而作，但在收集整理这些文章的过程中，上述观点油然而生。

原著致谢

我要再一次感谢我的秘书乔伊丝·科尔斯（Joyce Coles）夫人，为她非常耐心而细致的工作而致谢。

感谢 M· 马苏德汉（M. Masud Khan）先生的建议及对本书目录的贡献。

同时我要感谢以下编辑、出版者和允许出版这些已经刊印资料的组织：《家庭和学校的新纪元》（*New Era in Home and School*）的编辑，《护理时代》（*Nursing Times*）的编辑，《新社会》（*New Society*）的编辑，《英国精神社会工作杂志》（*British Journal of Psychiatric Social Work*）的编辑，《医学出版》（*Medical Press*）的编辑，《人类关系》（*Human Relations*）的编辑，《加拿大医学协会杂志》（*Canadian Medical Association Journal*）的编辑，Butterworth & Co.（出版社）有限公司，英国广播公司。

下面是原始资料列表。

温尼科特

1. 出版于《医学出版》，1958 年 3 月。
2. 在适应不良儿童工作者协会进行的讲座，1960 年 4 月（1964 年修订）。
3. BBC 广播，1960 年 3 月。
4. BBC 广播，1962 年 6 月。
5. 在 Goldsmith 大学进行的讲座，1957 年 10 月；在儿童护理者协会进行的讲座，1958 年 5 月；在 McGill 大学进行的讲座，1960 年 10 月；之后在《加拿大医学协会杂志》发表，1961 年 4 月。
6. 在家庭服务联盟社会工作者周末研究上进行的讲座，1958 年 10 月。
7. 为儿童护理者所做的讲座，1960 年 2 月。
8. 为精神科社会工作者协会所做的讲座，1959 年 11 月；之后在《英国精神社会工作杂志》发表，第 6 卷第 1 期，1961 年。
9. 为伦敦郡议会儿童部所做的讲座，1961 年 2 月；之后在《家庭和学校的新纪元》发表，1962 年 10 月；在《新社会》以另一种形式发表，标题为“通过忧郁进行的抗争”（Struggling through the Doldrums），1963 年 4 月 25 日。
10. 为心身研究协会所做的讲座，1960 年 11 月。
11. 发表于《儿科学现代发展趋势》（*Modern Trends in Paediatrics*）第 14 章（第二系列），由霍赛尔（A. Holzel）和蒂泽德（J. P. M. Tizard）主编（伦敦：Butterworth，1958 年）。
12. 在助产士督导者协会组织的课程中所做的讲座；之后在《护理时代》出版，1957 年 5 月 17 日和 24 日。
13. 在皇家助产士学院为助产士组织的课程中所做的讲座，1957 年 11 月。
14. 为伦敦郡议会儿童福利工作者协会所做的讲座，1959 年 10 月。
15. 为护理学校协会所做的讲座，1950 年 7 月。
16. 为适应不良儿童工作者协会所做的讲座，1955 年 4 月。
17. 在《人类关系》发表，第 3 卷第 2 期，1950 年 6 月。

目 录

第一部分

第二部分

第一部分

1

生命的第一年

——情绪发展的现代观点

引　言

人类婴儿出生后的第一年里会发生很多事情：出生时情感发展就已开始；一项关于人格和性格发展的研究表明，我们不能忽视出生后最初那几小时和那几天（甚至包括胎儿在子宫中的最后阶段，那时胎儿已经成熟）；出生体验也是非常重要的。

尽管我们忽略了这些，但世界依然运转，这只是因为婴儿母亲的母性，让母亲在婴儿的脆弱时期尤其适合保护孩子，也让她们能够积极地回应婴儿积极的需要。如果母亲感觉到安全，她在与丈夫和家庭的关系中感受到爱，在更广的社交圈中感到被接纳，那么她就能够履行母亲这一角色的责任。

如果我们愿意，我们可以把照顾婴儿的任务一直交给母亲，母亲的能力并不是源于知识，而是源于她感受着的态度，这种态度伴随孕期的发展而逐渐获得，也会随着婴儿的成长而逐渐丧失。然而，我们有理由相信，我们能够从婴儿人格早期发展的研究中获益。比如，作为医生和护士，为了处理婴儿的躯体异常，可能会需要干预母婴关系，那么我们应该知道干预什么。另外，在过去的 50 年，在对婴儿躯体的研究方面已取得了丰硕的成果，如果我们也同样关注情感发展，一定会取得更加丰硕的成果。第三个理由是总有一部分父母由于社会、家庭和自身疾病等原因，在婴儿出生时不能提供充足的条件，这时我们期望医生和护士能够理解并处理，甚至是预防这些情况，就像他们有能力处理躯体疾病一样。儿科医生越来越需要关注婴儿的情绪发展，就像现在他们关注婴儿成长过程中的躯体状况一样。

研究早期情感发展还有第四个原因：在婴儿期发现和诊断情感障碍是很有可能的，即使是生命的第一年。很显然，治疗这些障碍的最佳时间是在起病之初，越早越好。不过现在我并不想在此深入探讨。

躯体方面的异常或躯体疾病，或者受遗传因素影响的精神发育趋势也同样不是我现在要涉及的内容。此刻，我假设的婴儿是身体健全的，心理也是有健全发育潜力的。我想讨论的正是这一潜力的意义。出生时的潜力是什么，以及在第一年里哪些潜力变成了现实？同时我还假设存在足够健康的母亲，能自然地承担母亲的角色。由于婴儿的情感完全是依赖的，我们就不能脱离婴儿的生活或发展来讨论婴儿的照料问题。我做了如下一系列的阐述，每一部分都将简短地展开。这些密集的观察也许可以向那些关注婴儿照料的人表明这样的事实，即生命第一年中的情感发展构成了人类个体心理健康的基础。

发育的固有趋势

在心理事件中存在倾向发展的趋势，这一趋势是固有的，与身体的成长和功能的逐渐发育一致。譬如，婴儿通常在五六个月大的时候就会坐，接近1岁的时候就可以站立行走，也许还会用两三个词语，所以在情感发展中也存在一个进化的过程。然而，除非有足够好的条件，否则我们不会看到这一自然的成长过程，而我们的部分困难就是如何描述这一足够好的条件。下文中，我们默认行为发展是有基因及神经生理基础的。

依　赖

在生命第一年中，我们观察到的显著变化就是婴儿越来越独立。超越依赖就实现了独立，而我们也有必要强调超越了所谓的双重依赖就实现了独立。在生命的最初阶段，婴儿对身体和情感环境有着绝对的依赖。在最早的阶段，婴儿对这种依赖完全没有觉察，因此依赖是绝对的。逐渐地，婴儿在某种程度上发现了自己的依赖，变得有能力让环境知道自己什么时候需要被关注。临床上，我们发现了迈向独立的渐进过程，在这一过程中，依赖甚至是双重依赖常常会再次出现。随着不断地成长，母亲能够让自己适应婴儿变化的需要。在1岁时，婴儿能够保持对母亲的印象，并能持续一段时间，也许是10分钟，也许是1小时，也可能更长。

然而，第一年是极其多变的，不仅仅是不同的婴儿之间有相当大的差别，即使是同一个婴儿，在第一年中也会有非常大的变化。已获得的独立可能会一而再、再而三地丧失和获得，通常婴儿在 1 岁时获得明显的独立性之后，又会退回到依赖中。

从双重依赖到依赖、从依赖到独立的过程不仅仅体现了婴儿成长的固有趋势；除非有人能做到非常敏锐地满足婴儿的需要，否则这种成长是不会发生的。婴儿的母亲会比其他任何人都能更好地完成这一最具贡献性和持久性的任务。母亲比其他人更适合，因为她正是那个最可能自然而然、毫无怨言地奉献的人。

整　合

观察者有可能在一开始就已经把婴儿看成了一个人，一个统一体。在 1 岁的时候，大多数婴儿也达到了成为一个个体的状态，也就是说，人格已经得到了整合。当然，这并不是放之四海而皆准的真理，但在某些特定时刻、特定阶段以及某些特定关系中，1 岁以内的婴儿已经是一个完整的人。然而整合不是一件想当然的事情，每个婴儿都必须逐步地发展整合。它不是简单的神经生理学，因为必须具备一定的环境因素，才能使这一过程发生。实际上，这些因素的最佳提供者就是婴儿的母亲。

整合是从原始的非整合状态中逐渐呈现出来的。开始的时候，婴儿由很多能动性阶段和感受器官组成。几乎可以肯定：休息对于婴儿来说就意味着返回到了非整合的状态中。重返非整合状态对婴儿来说并不一定很恐惧，因为婴儿还有母亲给予的安全感。有时候安全仅仅意味着很好地被抱持。母亲或环境通过躯体或其他更细致的方式将婴儿抱持住。非整合与再整合会相伴随发生，且不会导致焦虑。

整合似乎与更多确定的情绪或情感体验相联系，比如愤怒或喂养时的兴奋。逐渐地，当整合成为确定的现实时，婴儿也变得越来越整合成一个统一体。所以，失去已经获得的整合意味着失整合，而不是非整合。失整合是痛苦的。

1 岁时出现的整合程度是可变的：有些婴儿在这一年龄已经拥有较强的人格，其自体带着夸张的个性特征。另外一些婴儿则在另一个极端，在 1 岁生日的时候没有获得如此确定的人格，而且非常依赖于持续的照料。

个性化（personalization）

1 岁以内的婴儿坚定地生活在身体里。心理（psyche）与身体（soma）相互妥协。神经学家会说身体的节律是令人满意的，可能会描述婴儿的协调性不错。心理和身体彼此紧密结合在一起的状态是从最初的阶段发育而来的，这些阶段中不成熟的心理没有与身体紧密相连（虽然基于躯体功能）。当我们对婴儿的需要给予合适的适应时，会为婴儿的心理与身体之间建立起早期确定的关系提供最大的可能。哪里有适应失败，哪里就会出现心理和身体体验松散的联系，其结果是个体对身体上的沮丧没有足够的心理感受。

即使在健康状态下，1 岁以内的婴儿也只会在某些特定的时候坚定地以自己的身体为基础。正常婴儿的心理可能会和身体失去联系，也会有某些阶段婴儿不能很容易地返回到身体中，比如从深睡眠中醒来时。母亲们了解这些，在抱起婴儿之前，她们会逐渐唤醒婴儿，这样不会导致严重的恐惧性哭叫，这种哭叫是在某个时刻由身体状态发生改变而引起的，而这常常是心理与身体相分离的时候。临床上与这相关联的是，心理缺席时婴儿可能会面色苍白、出汗，并可能发冷，也可能有呕吐。在这个时候，母亲可能认为她的孩子快要死了，但当医生到来后，婴儿已经完全恢复到正常的健康状态，这常常让医生无法理解为什么母亲会如此惊慌。自然，全科医生会比咨询者更了解这一综合征。

思想（mind）与心身（psyche-soma）

在1岁的时候，婴儿已经非常清晰地开始了思想发育的萌芽。思想与心理完全不同。心理与身体和躯体功能有关，而思想取决于大脑的存在和它的某一部分功能，这部分的发育（在系统发育期中）晚于与原始心理有关的部分。(思想使婴儿逐渐能够等待喂养，这是由于一些声音可以提示喂养即将到来。这是运用思想的一个天然例子。)

我们可以说开始的时候母亲必须准确地适应婴儿的需要，这样婴儿的人格发育才不会被扭曲。然而，她也会出现适应失败，并且这种失败会出现得越来越多，这是因为婴儿的思想和智力发育过程能够解释适应失败，并且允许这样的失败。这样婴儿的思想与母亲结盟，并代替母亲的部分功能。在照料婴儿时，母亲依赖于婴儿的智力发育过程，正是这些过程让母亲逐渐重新获得自己的生活。

当然，思想的发育还有其他方式。思想的功能之一是将事件分类，储藏记忆，并对记忆进行澄清。正是由于存在思想，婴儿能够利用时间作为衡量手段，也能够测量空间。思想与起因和结果也相关。

比较与思想和心理相关的条件是有意义的，这样的一个研究可能会阐明这两种现象之间的差异，通常它们是相互混淆的。

很显然，在帮助母亲进行管理时，每个婴儿的思想能力是非常不同的。大多数母亲能够适应每个婴儿好的或差的能力，将自己的步调调整得适合婴儿。然而，一个快节奏的母亲常容易因为一个孩子碰巧有智力问题而打乱自己的步伐，同样，一个快节奏的孩子也容易与一个慢节奏的母亲失去联系。

在某个年龄，儿童能够开始考虑到母亲的性格，这样儿童就不会那么依赖母亲适应婴儿的能力，但这不会发生在 1 岁之前。

幻想和想象

人类婴儿的特征是幻想，它可以被认为是对身体功能的想象性加工。幻想很快就会变得无限复杂，但刚开始的时候只是有很多的幻想而已。通常我们不可能通过直接观察来评估小婴儿的幻想，不过任何种类的儿童游戏都提示幻想的存在。

通过人为分类来追踪幻想的发育非常方便：

1. 简单的功能加工。
2. 分离出来成为预期、经验和记忆。
3. 根据对经历的记忆来体验。
4. 将幻想定位于自体内或自体外，两者之间彼此交换并不断丰富、改变。
5. 建造一个个人或内在的世界，带着对什么是存在的、什么会在这里继续的责任感。
6. 将意识从潜意识中分离出来。潜意识包括心理中那些极其原始、永远不会成为意识的部分，也包括心理或精神功能中那些因为对焦虑的防御而无法触及的部分（我们称为被压抑的潜意识）。

在第一年中幻想会有相当程度的发展。很重要的是我们要记住，虽然这（和所有其他成长一样）会作为成长的自然趋势的一部分而出现，但发展还是会受阻或被扭曲，除非在特定的条件下。这些条件的本质将得到研究，甚至被陈述。

个人（内在）的现实

个体的内在世界在第一年结束时已具有明确的组织结构。正性的元素源于个人体验的模式，尤其是本能体验，它们以个人的方式被解释，但最终还是基于个体的先天遗传性特征（在某种程度上，这些在早期就已经出现）。根据复杂的机制，有婴儿个人特征的世界变得有序，这些机制都有自己的目的：

1. 保留感觉“好”的——即可接受的，对自体（自我）的接受。
2. 隔离感觉“坏”的——即不可接受的、迫害性的，或被外在世界拒绝的（创伤）。
3. 在个人心理现实中保留一块区域，在这里客体有生动的相互关系，令人兴奋，甚至有攻击性并充满感情。

第一年结束时，次级防御甚至已经开始。次级防御用来应对原始组织的崩解，比如：所有内在生活的普遍消沉，临床上表现为抑郁心境；或者内心世界的元素大量散漫地投射到外在现实中，临床表现为对外在世界的偏执性态度。后者常见的临床表现是对食物的挑剔，比如对奶皮的怀疑。

婴儿关于外在世界对自体的看法主要基于个人内在现实的模式，我们应当注意到环境对婴儿的实际行为在某种程度上受到婴儿正性和负性预期的影响。

本能生活

最初婴儿的本能生活基于营养功能。手和口的兴趣占主要地位，但逐渐地，排泄功能开始产生作用。在某一特定年龄，可能是5个月大的时候，婴儿开始能够把喂养与排泄、粪便及尿与口的摄入联系起来。伴随着这一点，个人内在世界也开始出现，这往往局限在腹部。心身体验会从这一简单的模式扩展到能包含整体的躯体功能。

此时，呼吸成了最重要的事情，现在呼吸可以与摄入和排出联系起来。呼吸的一个重要特征是，它揭露了内在和外在的持续性，除了在哭的时候，即防御的失败。

所有的功能都倾向于有一种极度兴奋的特质，因为每种功能都用自己的方式包含着局部兴奋和准备的一个阶段，包含整个躯体的高潮，以及余波阶段。

肛门的功能变得越来越重要，以至于它超过了口腔，占据了主要地位。排泄的高潮通常是排出的高潮，但在特定情况下，肛门也可能变成一个接受性的器官，这也使肛门有了一些口的功能和摄入的重要性。自然，对肛门的控制便增加了这种复杂的可能性。

男婴和女婴的尿液排泄容易有性快感，相应地也会令人感到兴奋和满足。然而，性欲的满足很大程度上取决于正确的时机。我们努力训练婴儿的排泄过程，如果成功的话，会剥夺婴儿在婴儿期的身体满足，而如果训练开始得过早，其后果通常像灭顶之灾。

生殖器的兴奋在 1 岁以内并非是首要的。尽管如此，男婴仍然会有勃起，同时女婴也会有阴道的活动，这两者的出现都主要与兴奋的喂养或喂养的想法有关。阴道的活动容易因控制肛门而引发。在 1 岁里，阴茎的勃起开始有其自身的重要性，而阴蒂的兴奋也有相应的地位。然而在 1 岁时，女婴开始嫉妒男婴生殖器的情况并不常见，阴茎（与阴蒂或外阴相比）是一个在静息状态下容易被看见、勃起时更加明显的器官。在接下来的一到两年中，这种差异往往导致夸耀和嫉妒。（生殖器的功能和幻想不会超越摄入和排出功能的重要地位，直到 2 ～ 5 岁的时候。）

在第一年中婴儿联系客体的能力快速成长，并伴随着本能体验，这种能力让两个完整的人，如婴儿和母亲之间的爱的关系达到顶点。三角关系带着其特定的丰富性和复杂性，成为婴儿在大约 1 岁时生活中新的元素，但是直到孩子进入到幼儿阶段，以及直到生殖器的重要性超越各种类型性本能的功能和幻想时，这一关系才会达到完全状态。

读者很容易在弗洛伊德的婴儿性欲理论中找到这一点，这是精神分析最初在理解婴儿情感生活方面做出的贡献。婴儿期本能生活的整个想法在公众感受中激起了巨大的反应，但是现在公认这一理论是正常婴儿期精神分析的核心主题，也是对心理神经症研究的根基。

客体关系

1 岁的婴儿有时是以一个完整的人的形式与其他完整的人进行联系的。这种能力是逐渐发展起来的，而且只有当条件足够好的时候才能实现。

早期的状态是一种部分客体关系状态——比如，婴儿与乳房产生联系，母亲不是一个人物，尽管在充满情感的接触时婴儿也许“知道”母亲。婴儿的人格需要逐渐整合成为统一体，这样才有可能让婴儿已经感受到的部分客体（如乳房）成为一个完整的人的一部分，而这方面的发育为这一成长列车带来了特定的焦虑。这些在下面“关注的能力”中还有阐述。

伴随着对整体客体的识别，依赖感也开始出现，因此也开始产生了对独立的需要。对母亲可依赖的感知也可能会让婴儿产生可依赖素质。

在婴儿成为一个统一体之前的更早期阶段，客体关系的本质是部分与部分的联合。在整个自体发育的任何一个阶段，存在感都有极其广泛的可变性，这是自体可以用来体验和保持体验记忆的基础。

自发性

本能的冲动创造了一种情景，这种情景要么得到满足，要么无法满足，导致弥漫的不满，或导致心理和身体不适。总有一个时间是用来满足冲动的，高潮会与实际体验相匹配。在婴儿生命中的第一年，满足对于婴儿极其重要，每个婴儿只能逐渐地接受等待（不能即刻满足）。当然，我们的问题是婴儿需要为了与那些照料者的需要保持一致而放弃自发性吗？有时，我们对婴儿的期望甚至超出了我们自己能够做到的。

因此自发性受到两组因素的威胁：

1. 母亲希望摆脱母性的束缚，而这可能会让母亲错误地感到必须很早就开始训练婴儿，以便制造出一个“好”孩子。
2. 由来自婴儿内部的自发性限制（超我的建立）的复杂机制所带来的发育。

正是这种来自内心的控制的发育形成了道德唯一真实的基础，而道德甚至在个体生命的第一年就已经开始出现。因为对报复的原始恐惧，所以才出现了道德，并且道德会持续存在，抑制婴儿（正在成为一个带有关注感的人）的本能生活。道德保护爱的客体免受原始爱完全爆发的伤害，原始爱残忍无情，其唯一的目标只有满足本能的冲动。

起先，自我控制的机制是天然的，就如冲动本身，母亲们的严格要求是有帮助的，可以使婴儿的行为不那么野蛮，更具人性化；母亲可能会被否认，但抑制内心的冲动更倾向于完整。母亲们的严格有出乎意料的重要性，因此，由于这样会温柔地、逐渐地产生顺从，也就会将婴儿从自我控制的残忍中挽救出来。通过自然的发展，如果外在条件仍然保持良好，婴儿会建立起“人性的”内在严格性，这样能够管理好自我控制，同时又不会导致过多地失去自发性，仅此一点就会使生命变得有意义。

创造能力

有自发性的主体会很自然地产生创造性冲动，它（也只有它）证明了儿童是有活力的。

除非外在现实满足天生的创造性冲动（“现实化的”），否则它将逐渐消退。每个婴儿都必须重新创造世界，但只有世界逐渐地刚好契合婴儿创造性活动的时刻，这才有可能发生。婴儿伸出手，乳房就在那里，乳房是被创造出来的。这一过程的成功依赖于母亲对婴儿需要的敏感适应，特别是在开始的时候。

从这里，个体婴儿创造整个外在现实的世界有一个自然的过程，这是一个持续的创造过程，最初的时候需要一个观众，但最终婴儿会将观众也创造出来。这一痛苦的生命过程的早期发生在婴儿早期，也取决于母亲在恰当的时机创造出现实标本的能力。母亲能够做到这一点是因为她会暂时地与婴儿极度认同。

活动性——攻击

活动性是胎儿活着的一个特征，早产儿在保育箱里的动作大致可以反映出婴儿临产前在子宫内的画面。活动性是攻击性的前导，攻击性是一个术语，随着婴儿的成长而产生意义。关于攻击性的一个特殊的例子是在手的抓握和咀嚼的活动中，咀嚼会慢慢发展成咬。健康状态下，大部分攻击潜力都会与婴儿的本能经验和个体婴儿的关系模式相融合。只有在足够好的环境条件下，个体才能产生这种发展。

在病态下，只有一小部分攻击潜力融入到情欲生活中，婴儿就会背负着毫无意义的冲动。这些最终会导致与客体关系的毁灭，或者更糟糕的是形成了毫无意义的活动的基础，比如痉挛。这一未融合的攻击性也容易以期望或攻击的形式出现。早期的证据表明，这可能是病理性情感发育的一种方式，也可能最终会以精神障碍的形式表现出来。很显然，这种障碍带有偏执的特点。

攻击潜力极其可变，因为它不仅依赖于固有因素，也取决于环境中不幸的厄运出现的概率，例如某些难产会深刻地影响婴儿刚出生时的状态；而且即使正常的出生，也可能会有些对婴儿不成熟的心理来说是创伤的特征，此时刚出生的婴儿除了反应，不知道任何其他的防御方式，并且那个时刻婴儿无法独立生存。

关心的能力

证据表明，正常婴儿在生命第一年的后半年出现了关心的能力，或具有体验内疚感的能力。这件事相当复杂，其中一部分取决于婴儿的人格整合成一个统一体和婴儿可以对本能的整体幻想负责。想要完成这一相当精细的发展，母亲（或她的替代者）持续在场是必要的前提条件，母亲必须容纳某些元素，如对将要看到的做好准备，以及接受婴儿为贡献所付出的不成熟的努力，即去修复，去有建设性地爱。情感发育中这一重要的阶段已经由梅兰妮·克莱恩做了大量细致的研究，她扩展了精神分析理论（弗洛伊德派），涵盖了个人内疚感的起源，以及以建设性的方式推进和给予的起源。通过这样的方式，潜能（以及对潜能的接受）在情感发展中有了一些根基，且常发生在 1 岁以及 1 岁生日后。

所有物（possessions）

在 1 岁时，婴儿通常会获得一个或几个柔软的东西，如泰迪熊、碎布娃娃等，对他们来说这些是重要的。（有些男孩更喜欢硬的物体。）显然，这些东西代表了部分客体，特别是乳房，而且逐渐地，它们也会代表婴儿、母亲或父亲。

研究婴儿使用的第一件物体是非常有趣的，这个物体可能会是毯子上的一点毛线或毛巾，或丝巾什么的。这一物体将变得极其重要，具有介于自体和外在世界中间的客体的价值。我们经常可以看到，儿童抱着这样的物体入睡（我将它称为“过渡性客体”），同时可能还在吮吸两个手指或拇指，也许抚摸上唇和鼻子。这些模式对孩子来说是个人化的，在将要入睡或孤独、哀伤、焦虑的时候，这一模式会出现而且有可能会持续到童年晚期，甚至成人阶段。这些都是正常情感发育的一部分。

这些现象（我称为过渡性的）似乎形成了成年人类整个文化生活的基础。

严重的剥夺可能会导致丧失使用这些效果良好技术的能力，其结果是缺乏安定和无法入睡。显然，口中的拇指、手中的玩偶都自发地象征着部分自体和部分环境。

观察者现在有机会来研究充满情感的行为的源头，这个研究之所以很重要，是因为（如果没有其他原因）情感能力的丧失是年长的“被剥夺儿童”的特征，这些儿童在临床上呈现出反社会倾向，是潜在的行为不良者。

爱

随着婴儿的成长，词语“爱”的意义会发生改变，或者说加入了新的元素：

1. 爱意味着存在，呼吸，活着，被爱。

2．爱意味着胃口。没有关注，只有被满足的需要。

3．爱意味着与母亲充满情感的接触。

4．爱意味着本能体验的客体与母亲充满情感的接触相整合（在婴儿这一部分）；给予开始与摄取相联系，等等。

5．爱意味着坚持对母亲的所有权，强迫性贪婪，强迫母亲为她负有责任的剥夺（这是无法避免地）做出补偿。

6．爱意味着关心母亲（或替代客体）就像母亲关心婴儿一样——这是成人责任感的预览。

结　论

这些发育（还有很多其他的发育）可以在婴儿的第一年中见到，虽然在1岁生日的时候什么也没有建立起来，但在1岁后，由于环境供给的崩溃，甚至是情感成熟过程中固有的焦虑，仍然可以使我们失去几乎所有的成果。

当儿科医生试图掌握婴儿的心理时，他们或许会感到震惊。尽管如此，他们也没有必要绝望，因为他们常常可以把这些统统都留给婴儿、母亲和父亲。但如果他们必须干预母婴关系，那么他们至少要知道他们在做什么，以避免所有可以避免的干预。

〔1958〕

2

最初的母婴关系

哺乳的母子

在研究母婴关系时，非常有必要区分哪些是母亲的，哪些是婴儿发展出来的。这包含了两种不同的认同，即母亲对婴儿的认同和婴儿对母亲的认同。母亲给这种情形带来的是成熟的能力，而婴儿只是处于这种状态，因为这是事物开始的方式。

我们注意到母亲对婴儿会有越来越多的认同。婴儿与母亲那里的“内部客体”的想法相连接，婴儿想象这个客体存在并保持在内部，尽管那里也有所有的迫害性元素。在潜意识的幻想中，婴儿对母亲还有其他的意义，但主要的特征可能是母亲愿意也有能力将自己的兴趣从自身转移到婴儿身上。我将母亲这方面的态度称为“原始母性的专注”（primary maternal preoccupation）。

在我看来，正是这一点给予了母亲特殊的能力来做正确的事情。她知道婴儿的感觉可能会是怎样的，而其他人则不会知道。医生和护士可能了解心理学的很多知识，当然他们也知道所有的躯体健康和疾病的知识。但是，他们不知道婴儿分分秒秒的感觉是什么，因为他们不在这一经验领域内。

有两种母性障碍（maternal disorder）会影响这一主题。一个极端是母亲的利己主义过于强烈而无法放弃，以至于她不能投入到这种近乎病态的特殊情境中，虽然这正是健康的一种迹象；另一个极端是母亲在任何情况下都会全神贯注，现在婴儿成了她病理性全神贯注的对象。这种母亲似乎有一种特殊的能力，能够将她的自体借给孩子，但最终会发生什么？正常过程的一部分正是母亲恢复她的自私，并且按照婴儿能够跟随的速率来进行。病理性全神贯注的母亲不仅持续地与婴儿认同，时间过长，而且她还会突然将对婴儿的全神贯注转移到她之前全神贯注的对象上去。

正常的母亲从对婴儿的全神贯注中恢复，这是一种断奶。第一种“坏”母亲不能使婴儿断奶，因为婴儿从来没有拥有过她，因此断奶也没有意义；另一种“坏”母亲亦不能断奶，或者往往突然断奶，没有考虑到婴儿的断奶需要循序渐进。

如果我们回顾自己对儿童的治疗工作，可以找到很多与此类似的事情。我们所照顾的儿童到目前仍然有对治疗的需要，他们会退行经历一些阶段，再次体验（或与我们一起首次体验）在他们的成长史中并不令人满意的早期关系。我们能够与他们认同，就像母亲与自己的婴儿认同一样，虽然是暂时的，但却是完全的。

我们有足够安全的基础来思考父母身上发生的这些事情，但是当我们想到母性的本能时，就陷入到理论的困境中，迷失在他们人性与兽性的混合中。实际上，大多数动物能很好地处理早期养育，在进化过程的早期阶段，反射以及简单的本能反应已经足够应付。但是，人类母亲和孩子拥有人的素质，我们必须要尊重这一点。他们也有反射和原始本能，但是我们不能满足于只用人类与动物共有的部分来描述人类。

尽管很明显，但如果母亲处于一种我所描述的高度脆弱的状态，这是极其重要的。我们不一定总能注意到这一点，因为实际上母亲总有某种准备，也许是她丈夫安排的。这些从属现象会自然地围绕着孕妇，就像围绕在婴儿身边的母亲的特殊状态。只有当自然的保护力量崩溃时，我们才注意到母亲是多么脆弱。这里，我们要提到一个大的主题，与妇女易患的围生期精神障碍有关。对某些女性而言，不仅难以获得原始母性的专注，而且从这种状态回到正常的对自己和生活的态度可能会产生临床疾病。某种程度上，这些疾病的产生与保护性覆盖（protective covering）的失败有关，当她自然地凝神贯注时，这种失败会使母亲变得内向，可能不会注意外在的危险。

婴儿对母亲的认同

在研究婴儿的认同状态时，我关心的是整个婴儿期的婴儿，即新生的婴儿和几周或几个月大的婴儿。一个 6 个月大的婴儿刚好超过了我们现在考虑的阶段。

情况是如此的微妙和复杂，以至于如果我们不假设婴儿有个足够好的母亲，就可能会一无所获。只有一个足够好的母亲才能让婴儿开始一个个人的、真正的发展过程。如果母亲不是足够好，那么婴儿就会变成一个冲击反应的回收站，而婴儿就无法形成真实的自体或者真实的自体隐藏在假性自体的后面，假性自体通常是顺从的，一般会避开外界的冲击。

我们先跳过这个难题，去看看具有足够好母亲的婴儿和他（她）真正的起点。对于这类婴儿，我会说：自我既弱又强。所有都依赖于母亲的能力，给予“自我”支持。母亲的自我与婴儿的自我相协调，她只有以我之前提到的方式引导婴儿，才能给婴儿提供支持。

当一对母子有一个好的运作秩序时，婴儿的自我确实非常强，因为婴儿的自我在所有方面都得到了支持。婴儿被增强，因此强大的自我能够非常早地组织防御，并且发展出个性化的模式，并由遗传倾向而变得极其丰富多彩。

对自我的这种“既弱又强”的描述同样也可以运用到治疗情境中，此时患者（孩子或成人）是退行的、依赖的。然而，我的目的是描述婴儿。正是由于母亲对自我的支持，这类婴儿的自我会变得强壮，较早地、真正地成为他（她）自己。而如果母亲对自我的支持缺席、较弱或不调和，婴儿则不能沿着个人的轨迹发展。正如我之前所说，比起内在的急迫感和遗传因素，发育与环境失败引起的一系列反应相关性更强。那些被照顾得好的婴儿会很快发展成为一个人，每个婴儿都会有其独特之处；反之，那些自我支持不足或病态支持的婴儿则倾向于形成某些相似的行为模式（焦虑不安的、多疑的、缺乏情感的、内向的、顺从的）。在治疗性儿童护理情境中，我们通常会得到这样的回报，一个儿童第一次成为一个个体。

如果我们想要了解婴儿生活的地方——一个古怪的地方——这里还没有任何东西被分离出来作为“非我”而存在，所以也还不存在“我”，那么我们就需要这个理论。这里，婴儿从认同开始。不是婴儿使他（她）自己认同于母亲，更确切地说是没有母亲，没有相对于自体来说的外在客体；甚至这种说法都是错误的，因为自体还不存在。我们可以说在这样一个非常早期的阶段，婴儿自体只是潜在的。当回到这种状态时，个体变得与母亲的自体融为一体。婴儿的自体还没有形成，所以不能说是被融合了，但记忆和期望现在已经开始积累和形成。我们必须记住，这些事情只会发生在婴儿的自我因加强而变得强大的时候。

当我们思考婴儿的这种状态时，必须比我们通常所做的还要再往后退一个阶段。例如，我们了解失整合，就容易理解整合的观点。但在这个背景下，我们需要一个词，像“非整合”一样来传达我们的意思。类似的，我们知道人格解体，这让我们更容易理解关于成为一个人的过程的观点，一个在身体或身体功能和心灵（psyche）（无论它的精确含义是什么）之间建立统一或联系的过程。但是，在思考早期的成长时，我们需要将婴儿考虑为目前还没有任何问题，因为在这个阶段里，心理才刚开始围绕身体功能来加工自己。

我们了解客体关系，因而从这里我们可以很容易地了解与客体联系的能力的发展过程。尽管婴儿是在与我们看作是客体，或我们称为部分客体的相互关系中来体验满意的，但是在客体的概念对婴儿有意义之前，我们需要考虑一些状态。

母性功能

在这些思考的基础上，我们有可能将早期足够好的母亲的功能进行分类。这些可以被简化为如下内容：

1．抱持（holding）
2．掌握（handling）
3．客体呈现（object-presenting）

1．抱持和母亲与婴儿认同的能力非常相关。令人满意的抱持是护理的基本要求，也只能在对不恰当抱持的反应中才能体验到。不恰当的抱持在婴儿身上制造了极度的痛苦，为以下所述奠定了基础：

崩溃感，
永远的坠落感，
外在现实不能让人放心的感觉，
以及其他通常被描述为“精神病性的”焦虑。

2．掌握促进了婴儿的心身合作。这产生了“真实”感，与“非真实”相反。不恰当的掌握会影响肌肉张力的发育，后者被称为“协调”，也会阻碍婴儿享受对身体功能和存在的体验。

3．客体呈现或现实化（即将婴儿的创造性冲动变为现实）会让婴儿开始发展与客体联系的能力。不当的客体呈现会进一步阻碍婴儿感知真实的能力的发展，这种真实感与真实世界的客体和现象相联系。

简而言之，发育是成熟过程的继承和生活经历的积累；然而，除非在促进性的环境中，否则这种发育不会发生。促进性的环境首先是绝对重要的，然后是相对重要的，并且发育的过程可以从绝对依赖、相对依赖和迈向独立三个方面来描述。

总　结

这里，我尝试对母婴关系中的婴儿进行阐述。我们所发现的根本不是严格意义上所说的认同，而是在高度特异性的条件下从无序到有序，逐渐从促进性的母体中分离出来。这是在子宫中形成的，并逐渐进化成为一个人。这也是不可能在试管中发生的，即使是一个很大的试管。虽然我们没有亲眼所见，但是我们见证了不成熟的养育体验的发展。在母婴关系中，母亲通过某种认同来满足婴儿未分化的原始状态。如果没有我之前指出的母亲的特殊状态，也就没有婴儿从原始状态中的真实呈现。所能发生的最好的事情便是假性自体的发育，它可能会掩盖真实自体的痕迹。

在治疗性工作中，我们一次又一次地与患者一起卷入；由于卷入，我们会经历一个脆弱的阶段（像母亲一样）；我们会暂时地与那些依赖我们的“儿童”产生认同，这种认同程度是非常惊人的；我们观察“孩子”假性自体的蜕落；我们看到真实自体的新的开始，一个带有强壮自我的真实自体，因为就像母亲和婴儿一样，我们也能给予自我以支持。如果一切都很顺利，我们可以看到一个孩子正在浮现，这个孩子的自我能组织他们自己的防御来抵御属于本能冲动和体验的焦虑。因为我们所做的事情，一个“新”人诞生，这个真正的人能够拥有独立的生活。我的论题是：在治疗中我们所做的就是尽量去模仿任何一个母亲对自己的婴儿所做的自然过程。如果我是对的，那么正是母子联结教给了我们基本原理，它是我们治疗早期母亲“不是足够好”或者被阻碍儿童的工作基础。

〔1960〕

3

成熟前的成长和发育

读者应该知道我是弗洛伊德学派或精神分析学派的。但这并不意味着我对弗洛伊德所说的或所写的每一句话都深信不疑，因为那会是很荒谬的，毕竟一直到1939年弗洛伊德去世，他也在不断地发展自己的观点，同时也在改变他自己的某些观点（以有序的形式，像其他科学工作者一样）。

事实上，弗洛伊德相信的某些观点在我和其他分析师看来其实是错的，不过这倒也没有什么关系。重点在于弗洛伊德开始以一种科学的方法来看待人类的发育问题，他打破了直接谈性，尤其是婴儿和儿童的性的尴尬，他接受将本能作为基础，并认为这值得研究。他给了我们一个可以使用和发展的方法，而且我们可以学习，这样我们可以检验他人的观察，并为我们自己所用。他阐述了被压抑的潜意识和潜意识冲突的影响。他坚持对心理现实的完全识别（即对于远离现实的个体来说什么才是真实的）。他勇敢地试着建立关于心理过程的理论，其中很多已经被广泛接受。

在他所有的这些理论当中，有一些是与我们的主题相关的。

每一个个体都会经历开始、发育并最终成熟。没有一个成人的成熟可以脱离之前的发育。这里的发育极其复杂，它从出生甚至更早一直持续到成年，直到老年。我们无法承担任何缺失，即使是婴儿期发生的事，即使是非常早的新生儿期。

这里我们要停下来想一想我们的工作目标。我们关注适合婴儿、幼儿或儿童的环境供给，这样的环境使个体逐渐以自己的方式成为一个人，他（她）可以在团体中占据一席之地，且不需要放弃自己的个性。我们不想让孩子在我们的照顾下成为极端的人，即：要么完全为大众着想，个人生活不能满意，因而没有自我的感觉；要么只能通过忽略与社会的联系来保持个人的满足，甚至可能变得反社会或疯狂。因为我们知道被列入这两种极端的人都是不幸福的，他们很痛苦。他们中的一些人只能用自杀的行为来实现自我表达。有人没有对他们尽到责任，或者在早年的某阶段或某些阶段环境出了差错，之后就很难纠正过来。

现在我们回到小孩子的主题上。当我们给孩子适当的美好时光时，这当中确实有一个目标，即让每一个孩子最终都有可能达到成人状态，这些合起来被称为民主。然而，我们也知道不要把孩子放在对于他们来说太超前的位置上。此外，我们也知道“教导”民主是完全无效的，这与让个体成长、成熟并成为民主的一部分的过程是完全不同的[①]。

在这里，我要提到一些早期的对等物，在适当的环境中，它们以后会成为民主的材料。我没有提如何管理年龄大一点的孩

[①]这一主题详见本书最后一章“关于‘民主’意义的思考”。

子，他们可以参加一些俱乐部及各种和他们的年龄相符的机构。然而，在早一些的阶段中肯定就有这些活动的发源地，允许孩子**暂时**来接管管理社团的责任。我们并不期望这些小孩子能够管理自己的团队，但我们会期望某些时刻某个孩子希望可以扮演领导的角色。游戏既有趣也严肃。

有时，姐姐在很小的时候必须要成为母亲，负有非常大的责任，我们可以看到这一任务是如何完成的，这也泯灭了女孩的自主性和自己的权利意识，这是不可避免的。但通常情况下，每一个孩子都会有**某些时候**想要成为承担责任的人。当这是来源于孩子自己的想法，而不是我们强加的想法时，会起到最好的效果。但逐渐地，孩子会变得能够与我们认同，也会接受我们强加的合理内容，而不会过多地丧失自我意识，或自我权利的意识。

孩子的绘画发展不也是这样吗？首先是一团糟，然后是乱画。然后孩子的乱画开始有了一些意思，但如果孩子不告诉我们，我们不会知道是什么意义。孩子明白这些符号的意义。也许画出格的线条和晚上的尿床是对等的，或者与真实的混乱对等（如弄翻的茶杯），即使成人会感到不舒服，但这些混乱对孩子来说是好的。然后可能会出现一个粗糙的圆圈，孩子会说它是指“鸭子”。这时孩子已经开始表达比本能体验的乐趣更多的内容。孩子有了新的收获，为了这种收获，孩子可能会愿意放弃更直接的本能快感。很快，有时是太快了，孩子会在圆圈上画上腿和手臂，在圆圈里画上眼睛，我们会说“矮胖子”。我们都会笑，直接的表达早已远去，绘画开始了。孩子能再次有收获，是因为孩子身边或亲近的某些人识别到了我们所做的事情是有建设性意义的，同时也是因为他们发现了一种比说话更好的新的沟通方式。孩子随时都会画画。纸张的大小和形状决定了所描绘物体的摆放。此时出现了物体和动作的平衡，以及相关部分之间的微妙关系。现在孩子是一个临时的艺术家。更重要的是，我们看到了孩子不断发展的保持自主性的能力，同时又能顾及形式和所有其他的控制。这是民主的缩影。但是，这种民主还是很弱的，因为它取决于某些与正在画画的孩子有关系的人。以后，孩子与这个人的纽带会破裂，而且它必须被打破并散开，在孩子最终成为艺术家，或更可能的，成为一个普通的市民之前，必须能够从与这个人的联系中获得帮助，这个人在外在世界中显示出丰富的早期艺术性。

所有这些使我们一退再退。就环境而言，这种情形越早意味着越来越多的个人化，也意味着与孩子相处的个人要越可靠。

逐渐地，当我们进一步后退，从孩子的角度来看，这个人不仅仅需要是可靠的。我们知道对于幼小的孩子来说，只有特定的唯一的爱，才能让小孩认为爱他（她）的这个人是值得信赖的。我们爱孩子，并保持一个不间断的关系，这样我们就赢了一半。但是让我们再退后一步。现在我们必须使用更强烈的词汇。我认为在最初几个月相对短的时间中，“奉献”一词精确地描述了我们的状态。虽然我也并不排斥这些词，但我并没有使用诸如“聪明”“博学”“有良好教育”等词。只有奉献的母亲（或母亲替代者）才能跟得上婴儿的需要。正如我所认为的，最初的婴儿需要某种程度的对需要的积极适应，只有一个奉献的人做了所有的事情才能做到。很明显的是，奉献对于婴儿的亲生母亲来说是很自然的，即使我们可以证明婴儿在几个月之后才会认出自己的母亲，我仍然认为我们必须假设母亲是非常了解自己的婴儿的。

父母教育

这里，读者可能会批评我。读者可能会说："你想当然地认为母亲都是正常的，但是却忘记了也有很多母亲是神经质的，有些甚至近似有精神病。""很多母亲自己就很糟糕，她们通过易激惹或其他更直接的方式将自己的性沮丧传递给婴儿。""讨论母亲、护士、老师或其他任何人与生俱来的行为会让人感到很荒谬。照料婴儿前，**他们都应该被教导。**"

某种程度上，我是同意这些观点的。但是我要说，当照料婴儿或儿童的人是神经质的或近似有精神病的（而且很多人是这样的），他们就不可能被教导。我们的希望在那些或多或少仍正常的人身上。在临床中，我们必须处理异常的情况。但是在管理正常的母亲和婴儿，以及教导婴儿和幼儿时，**我们必须完全以正常或健康为导向**。正常的母亲也有很多我们可以学习的地方。

我们是否能够肯定在产科、产前门诊和福利病房中，专业娴熟的医生和护士能真正允许健康或正常的母亲行使她们自己的功能？在过去几年中，很多事情都得到了改善。现在，在产科医院中，我们经常可以看见婴儿的摇篮就被安置在母亲的身边。我不需要描绘如此可怕的选择，但这实在太广为人知了，以前常见的画面是婴儿单独睡在婴儿房里，在需要喂养的时候被抱出来，然后被推到迷惑的、甚至受到惊吓的母亲的乳房前。主要是因为鲍尔比（Bowlby）和罗伯逊（Robertson）的工作[②]，现在我们看到更多的父母能够和婴儿或者不幸住院的幼儿保持联系。

医生和护士必须认识到一个事实，那就是他们只是某方面的专家而已。考虑到这样的情况，在母亲和婴儿情感关系的开始阶段（母乳喂养的方式也是其中一部分），正常的母亲不仅是专家，实际上也是唯一一个知道如何对待自己孩子的人。这是有道理的，因为奉献是唯一的动机。

当我们尝试将这一考虑推迟到如幼儿园这样更复杂的情况下，我们可以非常简单地说在任何幼儿园中都有两种儿童——所有的学校也是一样。一部分儿童的父母一直都做得很好，这些儿童将会是获益的，能够表现和应对各种不同的感受。也有一部分儿童的父母做得并不成功，我们必须记住这些失败也许并不是父母的错，而可能是医生或护士的错，它可能会通过某些机会而表现出来——例如一次严重的咳嗽，或者志愿者对此有所妨碍。幼儿园的孩子需要我们主动地适应如同婴儿最初几周或几个月的需求。除父母之外，可能他们也需要其他人也能做出这种适应。积极的适应如果来得太晚即称为“溺爱”，那些

[②] John Bowlby, *Maternal Care and Mental Health* (London: HMSO, 1951); abridged version, edited by Margery Fry, *Child Care and the Growth of Love* (Harmondsworth: Penguin Books, 1953). James Robertson, *Young Children in Hospital* (London: Tavis-tock Publications, 1958). 也可参见 James Robertson 的西部电影，*A Two-year-old Goes to Hospital* 和 *Going to Hospital with Mother* (Tavistock Child Development Research Unit, 2 Beaumont Street, London, WI).

溺爱孩子的人应该被批评。另外，因为这种对需要的积极适应来得太晚，儿童不能合适地使用它，或者他们会在很大程度上、在很长一段时间里需要这种适应。因此，提供这种适应的人可能会发现自己处在一个非常困难的处境中，因为儿童可能会非常依赖他，而他也不敢打破这一关系。

所有学校都可能面对以下三种儿童：

1. 对于我已经描述过的处于第一阶段的儿童，他们通过那些提供给他们的东西来丰富自己，也能通过贡献以及由贡献而获得的东西来丰富自己。
2. 对于那些需要老师来给予家庭所没能给予的东西的儿童，他们需要的是心理治疗，而不是教导。
3. 处于这两者之间的儿童。

生活中的儿童

现在我想详尽地阐述一下这个主题，根据生活中儿童的发育来描述婴儿和儿童。

首先，我要区分两种状态，即兴奋状态和非兴奋状态，借此将问题简单化。兴奋状态显然意味着本能的实现。正如我们所知道的，每一个躯体功能都有其对应的想象，所以这些有关想法的冲突包含着抑制及躯体上发生的混乱。这里的成长不仅指随着年龄的增长，发育的阶段也在变化，还包括所达到的每一个状态之间的协调，没有过多地丧失本能感受。然而，正是在这些本能发育的早期阶段，严重的压抑才会严重削弱很多个体的生命。对于幼儿来说，在躯体和情感的发展方面，有一个稳定而持续的环境是非常重要的！

动力性心理学的主要焦点正是在这里，我觉得没有必要反复强调这一点。弗洛伊德主要处理这些生命现象，他的工作现在已经广为人知，尤其是那些研究儿童心理学的学者们。

各种本能驱力会根据自然的进程发展，它们的力量甚至能将婴儿撕裂。自然首先是嘴和整个吸入的机制，包含手抓握的动作，形成了存在于兴奋水平的幻想。后来排泄现象为兴奋的幻想提供了材料，而这也被内化。随着时间的推移，兴奋的遗传类型开始出现，可以说这是 2 ～ 5 岁小男孩或小女孩的主要生活。

这些不同类型的兴奋观点和兴奋组织的自然进程并不总是清晰而简单的，因为在所有阶段中都存在冲突，即使做到最好也无法避免这一事实。好的管理本质上不止是提供持续的条件让婴儿发现自己的独特之处。

显然，兴奋期的观点成了游戏和梦的基础。在游戏中总会存在一种特殊类型的兴奋，而当直接的本能需要处于第一位的时候游戏也会变质。婴儿只能逐渐学会如何管理这些事件。其实，所有成年人都知道闯入的躯体兴奋是如何毁掉生活乐趣的，而生活技巧的一部分正是寻找避免躯体兴奋的方法，使它不能迅速达到高潮。自然，这对于那些本能生活得到满足的人而言，比那些需要忍受性关系高度沮丧的人要容易些。

幸运的是，当孩子们逐渐发现这些困难的事情时，他们会用孩子特有的方式来达到令人满意的高潮。例如，食物和睡觉就非常有用。大小便可以是极其令人满意的体验，打架或有气味也是这样。尽管如此，在每个人的童年中仍然有多种多样的表现，可以非常清晰地反映出所谓的“穿戴整齐但哪里也没去”的情况，兴奋但没能达到高潮（胆汁式攻击等）。这些事情并不一定是异常的。

现在许多人对这些是非常了解的，但是他们可能不了解本能体验的某些更间接的结果。我指的是人格的丰富性是通过满意和不满意的体验建立起来的。

假设存在一个早期的**冷酷**阶段，这是非常有帮助的，可以让我们把注意力放在一个事实上，即最初本能体验所伴有的兴奋而高度毁灭性的想法是直接指向母亲的乳房的，同时也没有内疚感。然而，健康的婴儿很快就会把两者放在一起，而且会了解在幻想中被如此冷酷地攻击的对象正是自己所爱和需要的。**关心**阶段代替了冷酷阶段。

婴儿在满意而兴奋的体验之后必须要处理两种现象。好的事情被攻击、伤害和破坏，而婴儿则由于体验而变得丰富，某些好的事情则在内心建立起来。婴儿必须能够忍受**内疚感**。随着时间的推移，走出麻烦的方法会出现，因为婴儿能够找到**修复**、弥补、返回、（在幻想中）归还偷走的东西的办法。（读者可以在梅兰妮·克莱恩的思想中找到所有这些观点。）

这样我们可以看到，如果婴儿想要度过并且成长，环境就必须提供一种特殊的需要（技术上说，为了达到情感发育中的“抑郁位置”）。婴儿必须能够忍受内疚感，并通过修复来改变事件的这一状态。如果想要这种改变发生，那么在整个内疚期，母亲（或处于母亲位置的人）都需要敏感而警觉。残酷地说，机构中的婴儿可能会得到几个护士非常好的照顾，但是如果作为哀悼体验的内疚感在晚上出现，而此时出现的却是另一个护士，这样修复就丧失了热情。照顾孩子的母亲总会在那里，或多或少总会发现自发的、建设性的修复冲动。她可以等待，当这些冲动出现的时候她会发现。

当所有的事情都很顺利，不再有内疚感时，责任感就会出现。内疚感一直存在，在某段时间里会潜伏起来，但是当与毁灭相关的修复失败时，内疚感就会重现。

关于内疚感和修复，以及婴儿内心积累起来的丰富性而引起的焦虑，我们还可以说很多。如果我们仔细观察，就会发现令人恐惧的事情，这些事情藏于婴儿的内心，源于婴儿的愤怒冲动。但是现在我将不再继续讨论兴奋状态和兴奋性体验带来的结果，因为我们要开始别的话题了。其他我想说的是，将这些困难传递到这一领域，与对痛苦冲动的压抑有关，这将导致各种各样的神经症和心境障碍。然而，如果我们研究非兴奋状态的材料，就会更接近对精神病的研究。我所描述的在非兴奋状态下的障碍，在本质上将会被发现是精神病性的，而不是神经症性的。但是我不处理障碍，相反，我会简单地描述婴儿在正常健康的发育过程中必须完成的任务。

与兴奋无关的发育

如果我们人为回到**非兴奋状态**，我们会发现什么？其中一件事是，我们会发现在研究自体走向自主性的过程中的自我。例如，我们在研究婴儿在人格统一感方面的发育，感受（任何时候）**整合**的能力。逐渐地，婴儿也开始感到能在自己的身体中居住，就是在我们非常容易看到的婴儿自己的身体中。所有这些都需要时间，对身体、洗澡、练习等的认知和持续的管理会有很大帮助。

另外，还存在与外在现实**联系**的能力的发展。这一任务每个婴儿都必须完成，而且过程是复杂、困难的，并且非常肯定地需要一个奉献的母亲能够提供关爱。**客观**看见的世界**永远不会**和我们**主观**感受到的、看到的世界相同。所有人类都会有要面临的巨大问题，但是通过最初积极的适应，母亲将外在现实叠加到婴儿的感受上。母亲做得足够好也足够多，这样婴儿也变得想要将这个问题留到以后，作为被称作哲学的游戏的一部分来吸收。

另外一件事是，如果环境表现得很好，婴儿也会有机会保持**持续存在**的感觉，这可能是回到了子宫中最初的活跃状态。当这一点存在时，个体会得到一种用其他方式无法获得的稳定性。

如果婴儿一点一点地感受到外在现实，这些现实也精确地分级进入到婴儿或儿童的理解中，儿童长大以后就可能科学地对待各种现象，甚至可能会用科学方法来处理人类事件。如果这能够发生而且成功，那么这首先归功于奉献的母亲，她提供基础，然后才归功于亲爱的父母，接着是照料者和老师，其中任何一方出问题都会引起混乱，也会给儿童最终获得科学态度带来困难。我们中的大多数人都不得不将人类本性中的某部分放到科学的领域之外。

科学和人类本性

这一交流的主要问题是，如果人类本性和发育中的以及人类管理中的那些真实、美好和自然的内容能够从科学的挤压下被保留下来，那么只有将科学询问扩展到人类本性的整个领域中，这些内容才可能表现出来。我认为我们都是朝着同一个目标前进的。重申一次：我们想让每一个个体都可能以这样稳固的方式找到和建立起对自己的认同，并最终随着时间的推移，用自己特有的方式，逐渐获得融入社会的能力——成为一个活跃的、有创造性的成员，不会丧失个人的自主性，也不会丧失自由的感觉。

临床结尾

读者现在可能会感到非常困惑。婴儿有那么多需要经历的事情，母亲、父亲、护士和老师这些适于不同阶段的、为婴儿提供环境的人的责任是如此重要，我们怎样才能够做得好呢？但我们也必须记住，任何时候我们停下来试图对我们的目标做一些评估，就像我们现在做的一样，这都是一个虚拟的情景。所以让我们回到真实的情况中，形成一个小男孩的图像。（也可以是一个女孩。）

这孩子经历了所有常见的事情，吮吸拳头、吮吸手指、抓肚子上的皮肤、推他的肚脐和阴茎、抓襁褓上的毛。他大约 8 个月大，还没有完全被玩具熊和洋娃娃所吸引。但是他发现了一些软客体。他选择了这一客体。最初它会有一个特定的名字。在这个孩子生命的几年中，它将仍然会是一个必需的对象，并最终像年老的士兵一样消逝。这一客体是所有事件之间的妥协。我们知道这来自于某个姨妈。然而从婴儿的角度来看，这是最完美的妥协。这既不是自体的一部分，也不是世界的一部分，但它又同时都是。它被婴儿感知到，但它不是被婴儿生产出来的，它就是这样出现的。它的出现为婴儿显示出什么是感受到的。它既是主观的，也是客观的。它位于内心和外在的边界上。它既是梦，也是现实。

我们让这个孩子与这一客体在一起。他在与这一客体的关系中非常平静，处在个人的或心理的现实与外在现实之间的平静状态。

〔1950〕

4

安 全 感

无论何时，当我们尝试陈述婴儿和儿童的基本需要时，我们会听到“儿童需要的是安全感”。有时我们可以感受到，但有时我们可能会感到怀疑。有人可能会问，“安全感”是什么意思？当然，过度保护的父母会引发孩子的问题，这和不可靠的父母让孩子感到混乱和恐惧是一样的。有证据表明，父母完全有可能给予太多的安全，而我们也知道孩子确实需要感觉到安全。我们怎样才能确定合适的程度呢？

能够保持家庭完整性的父母，实际上为他们的孩子提供了至关重要的内容，自然，当一个家庭破裂时，孩子心中会出现重创。但是如果我们只是简单地被告知，孩子需要安全感，我们总会感到似乎少了点什么。孩子在安全的背景中能找到某种挑战，即那些能证明他们有能力解决的挑战。如果将“安全是好的”这一观点极端化，就会变成监狱是孩子成长最好的地方。这是很荒谬的。当然，任何地方都可以有精神自由，即使是在监狱中。诗人洛夫莱斯（Lovelace）曾经写道：

石墙做不成监狱，

铁栏杆亦做不成牢笼。

这意味着与现实中紧紧的抓住相比，思想的内容更加宽广。但是人们必须自由地活着才能有想象力。自由是核心元素，它会引出人内心中最好的东西。尽管如此，我们仍然必须承认有些人不能活在自由中，因为他们害怕自己和世界。

为了弄清这些想法，我认为我们必须考虑发育中的婴儿、儿童、青少年和成人，追踪进化史，不仅是个体人，也包含随着个体进化而产生的他们对环境的需要。当儿童开始能够享受给予他们的越来越多的自由时，这显然是健康成长的标志。我们养育儿童的目标是什么？我们希望每一个孩子都会逐渐地要求一种安全感。这必须在每个孩子的内心建立起某种信念，不仅包括什么是好的，也包括什么是可靠和可持续的，或在受伤后能够恢复的或应该珍惜的。问题是，这种安全感的建立是如何发生的？什么引起了儿童对事件的满足感，从而使其对周围的人和事物有信心？什么产生了我们称为自信的素质？这样重要的事情取决于先天的、个人的因素，还是道德教育？必须要有一个模范来模仿吗？外在环境的给予对于我们所希望产生的影响是必需的吗？

我们可以回顾情绪发育的各个阶段，每个孩子都必须经历这些阶段才能成为一个健康的成人。在回顾过程中，我们可能涉及个体成长的固有过程，以及人类成为自己将会成为的人的独特方式（必然非常复杂）。然而，这里我想要指出的是环境的给予，其中我们扮演的部分，以及社会在与我们的关系中扮演的部分。正是这一环境让每个孩子都有可能成长，没有足够的环境可靠性，孩子的个人成长不可能发生，或者这种成长也必然是扭曲的。另外，因为没有两个孩子是完全一样的，所以我们也要个体化地适应每一个孩子的需要。这意味着不论照顾孩子的是谁，都必须了解孩子，而且在与孩子的个人生活关联的基础上工作，而不是基于我们所学的内容或机械性的运用。通过当前环境的可靠性和我们自身的持续性，我们可以提供一种稳定性，它并不僵化，相反，它很活跃、很人性化，这让婴儿感觉到安全。正是在这样的关系中，婴儿能够成长，也能够吸收和模仿。

当我们提供安全感时，我们同时在做两件事。一方面，因为我们的帮助，孩子从无数出乎意料的、不受欢迎的侵入中感受到安全，从还不了解的、不能理解的世界中感受到安全。同时另一方面，孩子也因为我们的保护而免于遭受自己的冲动以及这些冲动引起的后果。我们没有必要强调每一个小婴儿都需要完全的照顾，否则他（她）自己完全不能继续。他们需要被抱着、移动、清洗、喂养、保持适宜的温度、保护以远离感冒和刺激。他们需要他们的冲动被接触，他们需要我们为他们的自主性找到意义。在这一早期阶段并没有很多困难，因为在大多数情况下婴儿会有母亲，而母亲会在一段时间内让自己完全关注婴儿的需要。在这一阶段，婴儿是安全的。若母亲在最初的时候能够做到这一点，结果可能会是孩子的困难确实不再源于世界的侵犯，而是源于生活，源于生命感受中的冲突。在最让人满足的环境中，在足够好并且安全的照顾中，婴儿开始过着一种属于个体的生活。

很快婴儿开始能够让自己对抗不安全，但是在最初的几个星期和几个月，他们只是非常脆弱地建立自己，而且如果没有支持，当某些事情发生时，他们的发育会变得扭曲。在早期就已经了解安全的婴儿开始带着一个期望——即他或她不会“失望”。沮丧——嗯，好吧，这是不可避免的；但“失望”——嗯，不要！

这里我们所关注的问题是，在儿童内心建立起安全感以后会发生什么？我想要说的是，之后会是一个长期的、对抗安全的斗争，我指的是由环境提供的安全。在提供保护的最初阶段之后，母亲逐渐让世界进入，而孩子现在却扑向每一个自由表达和冲动行为的新机会。这场对抗安全和控制的战争会持续整个童年，而控制仍然是必需的。父母仍然继续用石墙和铁栏杆保持着纪律的框架，但到目前为止，他们了解孩子是什么样的，他们关注孩子成为人的进化，他们欢迎孩子的挑战。父母现在仍然是和平的监督人，但他们也期望无视法律甚至革命。幸运的是，在大多数情况下，通过想象和游戏，通过文化的体验，孩子和父母都会获得信念。随着时间的推移，健康的孩子变得能够在面对不安全时仍然保持安全感，例如，当父母一方生病或去世，或当某人表现粗鲁，甚至当家庭因为某些原因而崩溃时。

对检测安全的需要

孩子需要持续地检测他们是否还依靠他们的父母，而这一检测在孩子准备好为自己的孩子提供安全之前都会一直持续，甚至之后也还在持续。青少年非常有特征性地检测所有安全尺度，以及所有规定、规则和纪律。所以通常孩子们确实会将安全作为一个基本假设来接受。他们信任早期好的养育，因为他们自己拥有。他们自己一直有着安全感，而这种安全感又随着他们对父母和家庭成员、学校的老师和朋友，以及所有他遇到的人的不断检测而得到加强。如果发现他们的锁和门闩被钉牢，而父母想要打开锁或毁掉锁，他们会爆发，而且他们会一次又一次爆发。或者他们蜷缩在床上，放蓝色爵士乐，感到自己毫无价值。

为什么尤其是青少年要做这些检测？看上去主要是因为他们感受到自己内心中全新的、强烈的感觉。但同时他们又必须证明他们能够冲破这些控制，并建立起自己。健康的儿童确实需要人们持续保持控制，但纪律也必须由那些既能被爱又能被恨、既能被反抗又能被依赖的人提供，机械的控制没有任何作用，恐惧也不会成为依从的良好动机。只有人与人之间生动的关系能够给予空间，而这对于真正的成长是非常必要的。随着时间的推移，真正的成长逐渐会将孩子或青少年带到成人的责任感中，尤其是为新一代的小孩子提供安全条件的责任。

我们可以看到所有这些都在许多有创造性的艺术家的工作中有所显示。他们为我们做了一些非常有价值的事，因为他们总是创造新的形式，为了创造新的形式又必须突破那些旧的形式。当真正的生活经历威胁到我们的存在感和真实感时，艺术家让我们能够保持活跃。艺术家在所有人中最能够提醒我们注意到我们的冲动和安全感之间的斗争（这两者对我们都很重要），这是永恒的斗争，一生当中，这一斗争都将存在于我们的内心。

在健康的情况下，孩子发展成能够充分信任自己和他人，讨厌所有类型的控制，控制也已经转化为自我控制。在自我控制中，冲突事先**已经在人的内心中得到了修通**。所以我对这点的理解是：早期好的条件可以产生安全感，而安全感会导致自我控制，但在已经具备自我控制的能力后，强加的安全感就变成一种侮辱。

〔1960〕

5

5 岁的孩子

这是一个大约 5 岁的孩子，他的父母已经离婚。在法庭上，一个博学的法官曾经说道：“大家都知道这个年纪的孩子不会受影响。”我不想批判这个案子中给出的评判，但我们可以公开地讨论这样一个问题：5 岁的孩子能够不受影响吗？在我看来，不受影响是随着成长和成熟而出现的，而且我们可能会有这样的观点，即我们无法指出在孩子发展的哪个时刻，他 / 她就可以不受影响了。不受影响只是意味着我们可以期望孩子能依从这样的结果，不会对孩子的人格成长和个性建立造成威胁。

我们确实可以说在 5 岁这个阶段有几个非常特殊的特征，这让我们尤其小心，**不敢**放松对环境可靠性的观察。而我想要讨论的也正是这些特别的特征。

父母看着孩子成长，他们非常震惊。成长是如此缓慢，但同时成长又像是发生在一瞬间。这正是成长有趣的地方。几个星期前他们有了一个孩子，之后孩子成了幼儿，现在孩子已经 5 岁了，而明天他（她）会去上学。而且也许在几周后他（她）就要准备开始去上班了。

这里有一个很有趣的矛盾——时间过得既快又慢。或者用另一种方式来说，当父母从孩子的角度来感受事物时，时间几乎没有动。或者时间已经开始，但只是非常缓慢地移动。在时间开始以前，永恒的想法来自于我们每个人婴儿期的记忆追踪。但是当我们跳跃到自己的成长体验中时，我们意识到5年几乎什么也不是。

这对父母记忆和孩子记忆之间的关系有非常古怪的影响。父母自己记得非常清楚1个月之前发生的事情，而现在他们突然发现自己5岁的孩子不记得姨妈的来访或家里来过一只小狗。孩子记得某些事情，甚至是很早的事情，尤其是那些讨论过的事情，他使用所听过的家族传说，但就像这些传说是他人的传说，或就像是故事书中的某个人物。他变得更了解自己，也更了解当前，随着这种了解的变化，他也更容易忘记。现在他有了过去，在他的头脑中有很多对半忘未忘的事情的暗示。他的玩具熊在底层抽屉的背后，除非他突然又感到需要它了，否则他忘记了它曾经是多么重要。

我们可以说他产生于围墙之内：围墙开始出现缺口，围栏的厚度变得不均匀，而且你瞧，孩子就要出来了。对于他来说，再进去或感到自己又回到里面就不那么容易了，除非他疲惫或生病了，这时围墙再次为他而筑。

围墙是由他的父亲和母亲，他的家庭，他的房子和院子，相似的视野、噪声和气味所提供的。围墙也属于他自己的不成熟阶段、他对父母可靠性的依赖，属于婴儿世界的主观本性。这个围墙是从母亲的怀抱中自然发育出来的，当他还是婴儿时，母亲的怀抱围绕着他。她以一种亲密的方式来适应婴儿的需要，然而她逐渐地不再适应，这取决于婴儿对所遇到的出乎意料的新事物的应对能力。这样，因为孩子们并不是真的彼此喜欢，母亲发现自己对每一个孩子单独建立了一个围墙，而她的儿子或女儿现在要摆脱这个围墙——为另一个不同的群体、一个新的围墙做好准备，至少一天有几个小时是这样。换句话说，孩子将要去学校了。

沃兹沃思（Wordsworth）在他的《歌颂对不朽的暗示》（Ode on the Intimations of Immortality）中对这一改变进行了描述：

天堂点缀着我们的婴儿生活，
监狱的阴影开始逼近
朝向成长的男孩……

这里肯定的是，诗人感受到孩子对新围墙的知觉，这与婴儿对依赖没有知觉相反。

当然，父母会通过幼儿园来开始这一过程，如果附近就有很好的幼儿园的话。在一个好的幼儿园中，一小群幼儿有机会一起玩，有合适的玩具，也许也有比家里更合适的地板，也有人总是会在孩子最初体验社会生活时给予指导，例如用铲子打另外一个孩子的头。

小学（5 岁）

幼儿园和家里并非很不一样，它仍然是特殊化的给予。我们现在讨论的学校则不一样。小学可能好，也可能不好，但是它不会像幼儿园一样适当，也不会特殊化，除了也许在最开始的时候。换句话说，孩子会不得不适应、不得不满足学校对小学生的期望。如果他已经准备好了，在这一新的体验中他将会得到很多。

父母将会为他们孩子生活中的这一巨大变化提供很多应对的想法。他们会讨论学校，孩子会在学校玩耍，期望能体验到对他的父亲、母亲或其他人已经教给他的内容的扩展。

从孩子开始适应环境的变化到由成长自身所产生的变化，这一阶段中一定会出现困难。我对于这一年龄的孩子所遇到的困难有很多可以讨论的内容，而我想说的是，绝大多数有这样困难的案例中都根本不存在深刻的问题，也没有疾病。这总是与要求一个孩子快一些，另一个孩子慢一些的需要有关。年龄相差几个月就会产生很多不同。生日在 11 月的孩子可能还要等一段时间才能入学，而生日在 8 月的孩子却得提前 1 ~ 2 个月打包去学校。在任何情况下，总会有孩子想要潜水潜得更深，而其他孩子则在池塘边发抖，害怕掉到水中。有的时候有些勇敢的先锋者在把脚趾放到水里以后也会突然发抖地跑回来，跑到母亲的怀抱里，几天、几周甚至更长的时间里再也不肯从熟悉的围墙中出来。父母会知道自己的孩子是哪一种类型，他们和学校的老师谈话，老师们则对此非常习惯，他们等待，放长线钓大鱼。问题是我们要理解从围墙中出来是既让人感到兴奋，也让人感到害怕的，即一旦出来了，对于孩子来说非常糟糕的是再也不能回去了，而生活就是一系列从围墙中出来，进行新的冒险，接触新的、令人兴奋的挑战的过程。

某些孩子有些个人的问题让他们不能进入下一步，而如果时间不能解决这个问题，父母就要给予帮助，或者意味着会有某些疾病。

但是当孩子退缩回来的时候，也有可能是母亲有某些方面的问题，尤其是一个非常完美的母亲。某些母亲不同的时候会有不同的层面。一个层面上（也许我能称为是高层？）她们只要求一件事：她们想要孩子成长，走出围墙，去上学，去见识世界。另一个层面上，我认为是更深层的，不一定在意识层面，她们不能忍受让孩子离开。在这一更深的层面中，逻辑并不重要，母亲无法放弃自己最宝贵的东西——她的母性，她感到当孩子依赖自己时，她能更容易地表现出母性，而随着成长，孩子却开始享受分离、独立和违抗。

孩子感到这些太容易了。虽然在学校很开心，他还是气喘吁吁地跑回家。他会尖叫，而不是每天早上走进学校的大门。他为母亲感到遗憾，因为他知道母亲不能忍受失去他，由于母性，在母亲的内心中无法放他出去。如果母亲能够比较高兴地让孩子出去，也比较高兴地接受孩子回来，对于孩子来说会容易一些。

很多人，包括最优秀的人，都会在某些时候或者一直有一些抑郁。他们对某些事情有模糊的内疚感，担心自己的责任。家中孩子的活泼是永恒的主旋律。孩子发出的噪声，甚至他的喊叫，是生活的特征，也正是这一点给出了对正确的保证。对于一直有些抑郁的人来说，他们感到他们可能让什么东西死了，这些东西可能是珍贵而重要的。当他们的孩子要去上学时，母亲会害怕家的空虚，也害怕自己的空虚，一种个人失败感的威胁可能会驱使母亲找到另一件能占据自己的事情。当孩子从学校回来以后，如果母亲已经有了新的事情，那么就没有空间给孩子了，而孩子则必须通过斗争回到母亲的内心。而这种为回来而进行的斗争也变得比学校更为重要。通常的结果是孩子成了被学校拒之门外的案例之一。一直以来孩子都渴望到学校，而他的母亲也渴望他能像其他的孩子一样。

或者也可能会是父亲通过这样一些方式让上学这一主题变得复杂，所以孩子想要去学校，但却无法到学校，或者没法在学校待下去。学校拒收也会有其他的原因，我们在这里就不一一列举了。

> 我认识一个男孩，他正处于某个阶段，并喜欢用线把东西攒在一起。他总是把垫子和壁炉架绑在一起，也总是把椅子和桌子绑在一起，这样在房间里移动这些东西的时候就会很不稳。他非常喜欢他的母亲，但总是不能确定是否能够回到母亲的内心，因为当他离开母亲后，母亲总是非常快地出现抑郁，并且立即用其他她不必担心和怀疑的事物代替儿子[①]。

①此例也见于第9章。

有这种倾向的母亲可能可以通过理解所发生的事情而得到帮助。这样的母亲可能会因为孩子对母亲和他人的感受敏感而感到高兴，但也会为自己未表达的、甚至是潜意识的焦虑感到遗憾，而这也会让孩子为她感到遗憾。孩子将无法走出围墙。

母亲在早年的时候可能也曾经历了孩子现在正在经历的困难。例如，她可能会发现孩子很难断奶。她可能会发现孩子在接受任何新事物、探索未知的时候都会出现退缩这一模式。在每一个这样的阶段中，母亲都承受着失去孩子对自己依赖的威胁。母亲正处在孩子逐渐获得独立并有个人生活倾向的过程中，虽然她也可以看到通过这一点将会获得的好处，但她仍然无法获得必要的对感觉的释放。这种思想中模糊的抑郁状态——被莫名的焦虑所占据——和给予孩子所有关注的母性能力之间有非常紧密的关系。不能抛开某一方面而单独考虑另一方面。我假设大多数女性都处在关注和担心的边界上。

母亲要经历各种各样的痛苦，好的地方在于婴儿和孩子不会陷于其中。孩子自己也有很多痛苦。实际上他们更倾向于尝试自己的痛苦，就像他们喜欢新技巧、广大的视野和幸福一样。

沃兹沃思所谓的“监狱的阴影”指的是什么？在我的语言中，这是从生活在主观世界中的小孩子到生活在共享现实世界中的大孩子的转变。婴儿从以魔幻来控制环境开始——如果他获得了还过得去的照顾——并创造出一个全新的世界，甚至是他的母亲和门把手。在 5 岁的时候，孩子开始能够将母亲当作她本人来感受，能够认出在他的概念形成以前的门把手和其他物品，能够在他真正变得独立的时候认识到依赖的事实。这都是时机的问题，而大多数母亲都可以掌握得很好。有时候其他人也可以做到。

复杂化

生活还有其他很多方式可以影响这个年龄的儿童。我提到过儿童的玩具熊。儿童可能会对某件特殊的物品非常着迷。这个特殊的物品可能是曾经的被子、尿布、母亲的围巾或玩具娃娃，这些东西可能在孩子某一生日的前后，尤其在过渡的时候第一次成为对他很重要的物品，正如从清醒到睡眠的过程中。这极其重要，这些物品受到了特殊的对待，甚至会有气味。很幸运的是，孩子使用的是这些物品，而不是母亲本身或母亲的耳朵和头发。

这一物品和孩子一起体验外在或共享的现实。它既是孩子的一部分，也是母亲的一部分。有这样物品的孩子可能并不会真的用到它，也可能会一天到晚抱着它。5 岁的时候对这一物品的需要可能仍然没有停止，但是很多东西都可以代替这件物品——孩子看漫画、有各种各样的玩具（硬的和软的），有一整套文化生活等着来丰富孩子的生活体验。但是当孩子去上学的时候可能会出现困难，需要老师慢慢来，不要在一开始就禁止这类物品出现在教室里。这个问题通常会在几周里自己解决。我想说的是，孩子把与母亲的关系中的一部分带到学校，这正是起源于婴儿期的依赖，那时他才刚能认出母亲，整个世界和他的自体都是分离的。

如果能够自行解决将要上学的焦虑，这样孩子就不必带着这个物品和自己一起上学了，男孩子可能会在口袋里放一个小卡车或引擎，还有绳子和甘草，女孩子则可能会叠自己的手帕，或者在火柴盒里会有一个秘密的娃娃。在任何一种情况下，如果孩子感到困难都会吮吸拇指或咬指甲。随着他们逐渐获得信心，通常他们就会放弃这些事物。我们学着预见孩子会表现出从母亲和家庭的重要成员转变为更广大世界的一分子中产生的焦虑。焦虑可能会表现为回到婴儿模式，这种模式充满仁慈，持续地为孩子提供保证。心理治疗中会建立这些模式，并以此保留其有效性，因为母亲是生动并可以获得的，也因为她总是在为现实和孩子的婴儿期体验提供连接。

附　言

另一方面，如果孩子在学校非常开心，并乐于在几小时里忘记自己的母亲，他们会感到不忠诚。所以当他们快回家的时候，会感到模糊的焦虑，或者他们会推迟回家的时间，但不知道为什么。对孩子心存不满的母亲，不要在孩子刚从学校回到家的时候表达愤怒，这是很有道理的。母亲可能会因为自己被忘记而生气，但也必须关注自己对新发展的反应。在母亲和孩子再次建立起联系之前，不越过桌布上的印记会更好一些。如果我们能明白发生的是什么，这些事情并不困难。长大对孩子来说并不完全是香甜的蜂蜜，而对于母亲来说，这通常就是苦涩的芦荟。

〔1962〕

6

家庭生活中的整合性和毁灭性因素

家庭生活是我们文明的核心部分，这是老生常谈。我们安排自己家庭的方式很实际地反映了我们的文化，就像看脸识人一样。家庭一直都是非常重要的，也能够解释我们大部分的所作所为。我们突然决定移居，从东到西、从南到北，都是为了离开，然而我们又阶段性地回到家里，只是为了再次建立连接。我们用很多时间写信、发电报、打电话，并收到来自亲人的消息；而且，在有压力的时候，大多数人会变得对家庭非常忠诚，并对外人保持怀疑。

尽管如此，除了这些常识，家庭仍然是一个需要我们深入研究的对象。作为精神分析师，我从细节上对个体情感发育进行研究，并发现每一个个体从与母亲的融合状态到成为一个分离出来的个人都需要一段很长的路，既与母亲有关，也与母亲和父亲都有关。从这里开始，我们的旅途经过家庭这一领域，而父亲和母亲是其主要的结构特征。家庭有自己的成长史，每个小孩子都会体验到属于整个家庭的困难及由于家庭的逐渐扩大而产生的变化。家庭保护孩子，使其远离世界，但是逐渐地世界会渗透进来，从叔叔、姨妈、邻居、最早的兄弟姐妹，直到学校。这种逐渐的环境渗透正是孩子能够最好地接触更广大世界的方式，并紧随母亲向婴儿介绍外在现实的方式。

我知道我们的亲人通常都是让我们感到厌烦的人，也知道我们容易因为他们造成的负担而发牢骚。但我们甚至也可以为他们而死。他们对我们非常重要。我们只需要看看那些没有亲人的男人和女人所做的斗争（例如一些难民和私生子的案例），就可以看到他们没有亲人可抱怨、爱或被爱、恨和恐惧，这会造成严重的障碍。这会导致他们怀疑邻居，即使是非常友好的邻居。

当我们开始观察表面之下的内容，并开始分割某些真实的压力时，我们会发现什么呢？

父母的正性倾向

在婚礼举行以后，总会有一个孩子出生在非常合适的时机。如果孩子立即就出现，那他（她）可能会很不受欢迎，因为两个年轻人还没有度过他们的最初阶段，此时对方就是他们的一切。我们都知道最大的孩子的出生破坏了父亲和母亲之间的关系，而且他们会一直为此而痛苦。我们也看到很多家庭根本没有孩子。现在我们来考虑这样一些案例，即家庭中有孩子，而且孩子是父母关系的自然结晶。让我们假设孩子也很健康。我们通常会像开玩笑一样说孩子很让人讨厌，而这也是事实。但如果孩子在关系中的适当时机出现，他（她）便是正常的烦恼。

似乎人类的天性中就有些向往烦恼，而孩子作为烦恼至少强于疾病或灾难。

家庭的存在和家庭氛围的维持是父母所处的社会环境关系的结果。父母能够为他们组建的家庭做出的“贡献”在很大程度上取决于他们周围更大的社交圈，即他们即刻的社会环境的总体关系。我们可以想到越来越广的社交圈，每一个社会群体内部的样子都取决于它与另一个外在社会群体的关系。当然这些社交圈是重叠的。很多家庭都会继续经营，而不会坐视自已被根除或替代。

但是我们不能简单地从父母与社会的关系来思考父母。父母之间的关系本身具有非常强大的力量，从而可以创造和联结家庭。我们已经对这些力量进行了非常细致的研究。这些力量属于对性的非常复杂的幻想。性不只是身体的满足。我尤其要强调的是，性满足是个人情感成长的结果，当这样的满足属于个人和社会都许可的关系时，它代表了心理健康的顶峰。与此相反，性领域的混乱与所有形式的神经症、心身问题和个体潜力损耗有关。然而，虽然性力量非常重要，但是当考虑到家庭这一主体时，性的完全满足将不是一个目标。如果我们只是想要有大量的家庭存在，这些家庭也还算不错，但其基础却是父母的躯体并没有满足，那么这是毫无价值的。身体满足的极端案例也许属于典型的浪漫爱情，而这并不是家庭建设的最佳基础的**必要条件**。

有些人享受性的能力很差。有些人坦白地讲更喜欢自主性欲体验，或同性恋。然而，这显然是非常丰富的体验，当父母能够轻松地享受属于个体成熟情感的潜力时，对于每一个关注这一点的人来说是很幸运的。我们知道父母之间的关系中还存在其他的内容，而这自然地倾向于建立起家庭单元，如同就成长而言，父母深切地希望和自己的父母一样。我们也还记得想象中的生活，这样一类事物正与文化的兴趣和追求重叠。

让我们停下来想想我所谓的“性幻想”。这里我必须提到属于精神分析工作的不寻常的坦白。精神分析让我们思考，一个正确而足够的婚姻史怎样能够不被认为是精神分析治疗或随精神分析一同出现的特殊状态的副产品。所有性幻想，包括意识和潜意识层面，几乎永远都在变化，而且有重要意义。很重要的是我们要理解其他事件中的担心或内疚感，这些感觉起源于与爱的冲动相伴随的毁灭元素（主要是潜意识），而此时这些感觉以躯体的形式表达。可以肯定的是，这种担心和内疚感是每一个父亲、母亲以及父母双方要建立一个家庭所必需的。成长中的家庭比任何其他事物更能**中和受伤、躯体被毁灭或有怪物的令人恐惧的想法**。在母亲分娩时，父亲的焦虑和其他事情一样清晰地反映出源于性幻想的焦虑，而不仅是身体现实。婴儿给父母的生活带来了很多乐趣，这都是基于这样一个事实：婴儿是一个整体，是一个人；此外，婴儿具备一些生存特质——即不只是简单地活着。婴儿与生俱来地会呼吸、运动和成长。随着时间的推移，孩子已既成事实（父母要面对所有好的和坏的**幻想**），而且每一个孩子的内在活力都让父母感到非常轻松，而父母也逐渐相信这一点，并从自己的内疚和无价值感的想法中得到缓解。

如果我们不知道每个孩子对父母来说意味着什么，以及父母对导致怀孕的行为的意识或潜意识层面的幻想，就不可能理解父母对孩子的态度。父母对每一个孩子的感觉都不一样，对待每一个孩子的方式也不一样。这很大程度上取决于分娩时、母亲怀孕时、孩子出生时以及之后父母之间的关系。妻子怀孕对丈夫的影响会是这样：在某些极端的案例中，当妻子怀孕以后，丈夫会离开妻子，有时他又会和妻子贴得更紧。在每一个案例中，父母之间的关系都会有变化，通常也会使对方产生更深的责任感，关系也变得更丰富。

我们听说每一个孩子都会不一样，即使他们有相同的父母，住在同一个房子里，生活在同一个家庭里。此时，我们没有考虑人类对性的重要功能富有想象力的整体精细加工，也没有考虑每一个孩子对想象和情感环境的适应成功和适应失败，即使孩子躯体环境中的其他事物都没变，其想象和情感环境也永远不会完全相同。

关于这一主题还有其他的变化。一些很复杂，而另一些则很明显，例如男婴或女婴可能会深刻地影响父母之间的关系。有时父母双方都希望要个男孩，有时母亲因为自己对男婴的爱而感到害怕，因此变得无法享受母乳喂养带来的乐趣。有时可能是父亲想要女孩，而母亲想要男孩，或者正好相反。

我们必须记住家庭由独立的孩子组成，每一个孩子不仅在遗传上彼此不同，他们的情感发育也会受到他们是否符合父母期望的影响，这会使他们已经有的关系，即与其他人的关系更丰富、更精细。在所有这些中最重要的就是要保证人类婴儿最终成为一个人：真实的，以及如我所言，随着时间的推移，具有中立幻想，并且消除灾难性预期。

那些收养了孩子的父母将会明白孩子是如何填补婚姻中的想象性需要的空白的。没有孩子的已婚人士能通过其他方式来形成一个事实家庭，有时我们会发现他们有最多的家庭成员。但是他们更希望有自己亲生的孩子。

到目前为止，我所说的是父母双方都需要真实的孩子来发展他们彼此间的关系，通过这种方式产生的正驱力是非常有力的。仅为我们的意图说父母爱他们的孩子是不够的。父母确实爱他们的孩子，但他们也有其他的感受。孩子所需要的爱远比父母能给予的爱多得多，当他们被厌烦或自己有恨的时候，需要借助某些事物来度过。

父母的毁灭性因素

考虑到父母的困难，仅因为结婚或组建一个家庭就认为父母会变得完全成熟，这是没有依据的，记住这点非常重要。每个成年人也都在成长，而且我们认为成长会持续一生。但是如果成年人不抛开早年已有的成长，是很难继续成长的。我们可以很容易地说，如果人们足够成熟后再结婚生子，他们应该会对他们的现状非常满意，也会在自己不高兴的时候即时收手。然而，我们知道如果人们结婚早，男人和女人实际上需要数十年的成长才能跟得上自己的婚姻。如果从建立家庭而言，结婚早更好。父母比孩子年长 20 ~ 30 岁，而且不是特别精明，这样孩子会成长得最好，这样的父母也可以从孩子身上学到很多，而我们还可以在这方面说很多。我们是否应当希望男人和女人要等到他们富裕甚至自我满意以后再结婚？可以肯定的是，在大多数情况下，男人和女人都需要建立一个平台（如结婚、建立家庭），在此平台上他们最终能进一步成长。当他们的孩子需要他们营造一个家庭环境时，他们通常会很乐意等上几年，之后他们再奋起前进。然而有时在父母双方或一方开始新的成长之前会有一段非常紧张的阶段。

在青春期确实很难做到完全成长。社会并不喜欢青少年没有节制地试验，总会有人喜欢好孩子。青春期的“好”意味着“不会轻率地发展关系”。这里“轻率”是指不小心怀孕和私生子。很多孩子都是以某种程度的压抑度过他们的青春期的。当不成熟的男女结婚时，很多人都会在建立家庭的过程中找到极大的快乐和乐趣。但如果最终他们孩子的成长会挑战并促进他们的成长（后者停滞在他们的青春期），为此我们不要太过惊讶。

这里，社会因素也在起作用。近来，整个世界都发生了巨大的变化。如果没有战争，那么我们就不再需要关注战争引起的青少年问题。随处可见的是青少年都会经过青春期，这点我们必须考虑。这必然是一个困难的阶段，是依赖和对抗混合的阶段，随着青少年变为成年人，这一阶段就会过去。（我们不要被这样的事实所误导，即不成熟的青少年如同热锅上的蚂蚁一样。）

我们会看到很多这样的事情，父母竭尽所能为他们的孩子牺牲了所有，但这样做往往会使家庭生活变得复杂。此时，在父母或父母一方心中，延迟的青春期会显现出来。也许这特指父亲，因为母亲经常发现自己处在母性中，卷入意料之外的身体和情感事件中。然而，之后她也会有极大的需要体验浪漫或充满激情的爱，这是她之前回避的，因为她想给孩子一个好的父亲。

现在家庭会发生什么？我意识到在绝大多数情况下，父母都足够成熟来牺牲自己，就像他们自己的父母一样，以此来建立和维持家庭，这样孩子将不仅在家里出生，也能在家庭里成长并进入青春期，而且在家庭关系中度过青春期并实现独立，甚至结婚。但是情况并不总是这样。

我认为我们不应该鄙视那些在结婚时还不太成熟的人，他们无法承担无休止的等待，而且他们此时必须要在个人成长中奋起前进，否则就会衰退。婚姻中会出现问题，而孩子此时就必须能够让自己适应家庭的不足。有时父母可能会看到尽管他们不得不离婚或者再婚，孩子还是能够成为一个令人满意的、独立的成人。

当然，在某些情况下，年轻的已婚人士故意不要孩子，他们知道虽然通过婚姻自己已经有了某些价值，但这仍然不稳定；他们也知道他们两人都需要做一些新的尝试去准备好建立一个家庭，而这是他们最终要做的。他们希望建立一个家庭，一部分原因是因为这是自然的，另一部分原因是因为他们希望能像其他父母一样，这样他们就能社会化并融合到团体中去。但家庭并不是浪漫爱情的自然结果。在更不幸的情况下，父母间极端的困难会引起混乱，这些困难甚至不能让他们共同照顾他们喜爱的孩子[①]。

在此，我故意省略了躯体或精神疾病的毁灭性影响[②]——但是我要试着说明研究家庭生活中或毁灭家庭生活的整合因素及非整合因素是多么重要：这些因素源于已婚男女之间的关系，源于他们对性生活的意识和潜意识幻想。

儿童的正性倾向

考虑到问题的另一半，即源于**孩子**的、同家庭生活相关的整合和毁灭性因素，我们必须要记住每一个父母都曾经是一个孩子，而且在某种程度上他们仍然是一个孩子。

我们不能过多地强调家庭的整合来自于**每个孩子个体**的整合倾向。个体的整合并不是一件理所当然的事情。个人的整合关乎情感的成长。每一个人的起始点都是非整合的状态。在婴儿发育最早的阶段，我们在这一点上已经做了很多工作（这一阶段即最初建立自体，而且仍然完全依赖于母亲对个体成长的照料的阶段）。在通常最好的情况下（这与母亲对她的孩子的紧密认同，以及之后与父母双方共同兴趣的认同有关），人类婴儿表现出内在的整合倾向，这是成长过程的一部分。每个孩子都有成长的过程。如果早期极度依赖的情况非常好，也发生了人格

①在英国，从 1948 年的《儿童法案》开始，国家为每一个被剥夺了家庭生活的英格兰、苏格兰和北爱尔兰儿童负起责任，而且这种服务是遍及整个国家的。儿童部门首先会尽可能维持每个孩子的家庭生活；如果不可能维持，则为孩子寻找收容家庭或为那些有特殊需要的孩子提供居住服务。

②不同类型精神疾病对家庭的影响在本书第 7、8、9 章中讨论。

整合，那么这一个体的整合，也是包含极大能量的活跃的过程，也会影响环境。发育得很好的孩子，尤其是那些由于个体成长的内驱力已经实现人格整合的孩子，他们对即刻的环境产生了整合的影响，这样的孩子对家庭环境是有贡献的。

我们往往会忘记每个孩子的贡献，直到孩子生病或失去孩子使我们体验到震惊时，或者因为这样或那样的原因孩子未能给予贡献时。这时我们才会看到这样所导致的父母和家庭的痛苦。当孩子未能给予贡献时，父母就要承担起这种任务，而这种任务并不是自然的——他们必须要提供一个家庭环境并维持这一环境，同时努力**在不能从孩子那里获得帮助的情况下**维持家庭和家庭氛围。这也是有限度的，但凡超出这一限度，我们就不能期望父母可以成功地完成这一任务。

社会取决于家庭单元的整合，但是我认为很重要的是，我们也要记得这些家庭单元也依赖于每一个个体成员成长中的整合。换句话说，在一个健康的社会中，民主能够盛行，一部分个体就必须能够在**他们个人的人格发展**中实现令人满意的整合。民主的想法和生活的民主方式都起源于个体健康和自然的成长，它也只能通过个体人格的整合来保持，当然也有赖于团体中健康或相对健康的个体数量的累加。同时，也必然会有足够健康的个体来承担那些无法做贡献的非整合人格，否则社会中的民主就会消失。

也可以推论出**不可能人为地创造团体的民主**，因为在使团体变得民主的过程中，其实我们已经为团体强加了一种外力，而民主只可能来自内部，源于每个个体的健康。然而，一个健康的社会总会有一些过客似的成员。一个健康的家庭也会有一些整合比较差的孩子。

通过健康的情感成长及令人满意的人格发育，每一个孩子都会改善家庭和家庭氛围。父母努力建立一个家庭，同样也会得益于所有孩子整合状态的总和。这不仅是婴儿或孩子可爱与否，还有比这更深的意义，因为孩子们并不总是很贴心。婴儿、幼儿和年长的孩子可能会讨我们的欢心，他们**期待从我们这里获得某种程度的信赖和给予**，我认为部分原因是我们能与他们认同。同样，认同孩子的能力取决于我们在同样年龄时，人格是否有足够好的发展。通过孩子对我们的期望，我们自己的能力也得到了加强、展现和发展。以无数细微的、同样也可能是明显的方式，婴儿和儿童为他们自己创建了一个家庭，这些方式可能是通过需要某些东西，即某些我们能给予的事物，因为我们了解他们的期望，并知道如何去满足。我们可以看到，当孩子和家人玩游戏时，孩子创造了什么，我们希望把他们创造中的某些符号变成真的。

父母能够以某种方式或在某种程度上满足自己孩子的期望，这种程度至少好于他们从自己父母那获得的体验。然而，当这种超越父母的程度超过一定范围时，也是有风险的，他们将不可避免地开始对自己的美德感到愤怒，而且他们确实会破坏那些已经做得很好的事情。因此，某些男人和女人可能会对别人的孩子要好过对自己的孩子。

孩子的毁灭性因素

在这里，我们开始探讨由于孩子没有发育或孩子患有疾病而导致的家庭的非整合。在特定的儿童精神病中，存在一些继发性的倾向，患这些疾病的孩子会破坏好的、稳定的、可靠的或任何有价值的事物。最典型的例子就是被剥夺儿童的反社会倾向，这种孩子在家庭生活中最具毁灭性。无论是孩子的原生家庭、替代家庭或团体，其总处在被考验的状态中，一旦检验到家庭是可靠的，它就会变成孩子破坏的对象。这涉及向有反社会倾向的儿童提供帮助的大问题。这就好像是孩子在找寻值得破坏的东西。潜意识中，孩子在寻找早年丧失的某些好的事物，孩子也感到愤怒，因为好的事物没有了。当然，这是分离的主体，但是必须要提一下家庭生活的破坏模式，这种破坏源于孩子没有发育或畸形成长。

两个主题的进一步发展

关于不同因素之间的相互作用，我们有太多内容可以说，这些因素包括父母及他们与社会之间的关系、他们希望有一个家庭的愿望，以及源于个体成长的内在整合倾向的因素，而这一因素——至少在最初的时候——依赖于足够好的环境。对于很多家庭来说，如果孩子正好能发育得很好，那么家庭也会保持完整，而很多家庭也会因为孩子生病而无以为继。

评估孩子是否适合心理治疗时，我们不仅会考虑疾病的诊断，也会考虑是否有合适的治疗师以及家庭的容忍能力，后者事实上指的是能否“抱持”生病的孩子，即在心理治疗起效前是否能容忍孩子的疾病。许多情况下，家庭将变成护理之家，甚至精神病院，以此来“抱持”疾病或对孩子的治疗。很多家庭能够做到这点，这样心理治疗也相对简单一些；有些家庭则做不到，这时我们就不得不让孩子远离家庭。在这种情况下，心理治疗的任务就复杂得多，找到一个合适的群体来安置这个不能向外贡献的儿童是非常困难的。因为相对而言，这个孩子只能给群体带来低整合，所以群体必须“抱持”这个孩子和他（她）的疾病。

在很多情况下，父母有能力培养出健康的儿童，给他们好的家庭环境，但实际上仍总是会发现他们中也有生病的孩子，焦虑或有心身障碍或抑郁，或者在人格方面非常失整合，或者可能反社会等，而我们也不能因此来责备父母。这样，我们就有必要要求父母在我们努力帮助孩子的同时也能照料这个有困难的孩子，或者极端地要求他们放弃这一任务，即让他们明白一个事实：虽然他们能够建立一个家庭并养育出正常的孩子，但他们创造的家庭并不能“抱持”有疾病的孩子。随着时间的推移，父母可能会从责任中解脱出来。通常发生的是，尽管父母不能忍受别的方式，他们也不能忍受这样的帮助。

管理这样的问题是非常困难的，在此，我们提及这些只是为了突出我们的核心主题，即家庭整合的基石是每一个儿童的健康发育。同样，可以肯定的是，健康的家庭使更广泛的整合、各种形式的分组成为可能，这些分组方式相互重叠，有时相互敌对，但也可以容纳不断扩大的社交圈。

孩子当然不可能通过魔术来创造家庭，即没有父母或源于父母对相互关系的期待是不可能建立家庭的。尽管如此，每一个婴儿和儿童仍然会创造家庭。父母确实建立了一个家庭，同样他们也需要每一个婴儿或儿童的付出——即我所谓的儿童的创造。如果失败了，父母会灰心，并只是简单地创造一个空洞的家庭环境。当然他们也可能会收养儿童，或以其他方式找到间接的家庭替代品。家庭的力量来自父母之间的关系，源于儿童情感发育的内在因素，这些因素我都放在了整合倾向的标题下。

〔1957〕

7

亲代患抑郁症对家庭的影响（父母一方或双方）

在上一章中我提到，某些父母的因素和孩子的因素都会破坏家庭生活。我将在接下来的三章里，探讨“精神疾病导致的家庭失整合”这一主题。当我们需要为家庭动力失败的情形提供帮助时，为了使这些帮助尽可能合适，我们应当努力了解困难之下的潜在因素。我们不对这些事情作道德评判；也不考虑在这种背景下经济拮据的问题——在任何情况下，这一般都不会是压力的唯一来源。

这里，我们将评估父母一方或双方患有抑郁症对家庭的影响。首先，我简短地介绍某些精神疾病的特点。

精神障碍的分类

精神疾病可人为地分成两类：神经症和精神病。精神病与疯狂或者隐藏在人格之下的疯狂元素有关。神经症与完整个体的人格防御模式有关，可以回避或面对这些人际关系中的幻想性或现实性焦虑。父亲或母亲患神经症性障碍给成长中的孩子带来了困难，而父母一方患精神病却给孩子的健康成长带来了更多不易察觉的威胁。

对于术语“精神病”[①]，我指的是一种更深的防御机制，即当一般的防御机制无法处理个体正在面对的压力时，个体的人格就会发生变化，这可能是因为压力和压力的模式出现得太早了。极端的精神病常见于精神病院。非常严重的精神病性崩溃感更像是躯体疾病，也很容易被认为是某种疾病。医生知道如何处理这些显而易见的障碍。

我在这一章的主题——抑郁，是一种情感或心境障碍。但是在这一点上，我想指出两种特殊状态。

一是精神变态性人格——虽然抑郁本身主要困扰的是母亲，但是这里，我们主要关注父亲。精神变态指的是成年人无法从童年的错失中恢复过来。这种错失（在个人的成长历史中）在被剥夺的儿童身上最初表现为反社会倾向。最初的剥夺是真实的，也被孩子认为是真的；某些好的事物丧失了，我指曾经发生了某些事情，之后所有的事情都变得不同了。因此，这种反社会倾向代表了孩子身上的一种冲动，想要用外在现实来修复这个原始创伤，而这当然会很快被忘掉，因此通过简单的逆转是无法修复的。在精神变态中，这种通过外在现实逆转失败的冲动一直持续。我们常常为父母一方或双方难以控制的冲动所造

[①]父母和孩子的精神疾病及其对家庭生活的影响见本书第 8 章和第 9 章。

成的影响所困扰。

另一个是与抑郁或反社会倾向相关的特异性扭曲，这种扭曲与被害妄想或多疑有关。这种被害感是抑郁的并发症，整体上来说它使抑郁不那么明显，因为这点（被害妄想），内疚感被人们忽略了，然而内疚感却是忧郁和抑郁的特征。这样的患者会在两种状态之间转变，一种是荒谬地感觉到自己是不好的，另一种是疯狂地、发疯似的认为自己被不良对待。我们会发现，面对任何一种情况，我们什么都做不了；然而我们也不得不接受这种现状。当抑郁不伴多疑和被害妄想时，还是有望治愈的，因为在这些稍正常的情况中，个体会表现出一些灵活性，并能较轻易地在抑郁心境和外在对自己的不良影响或被害妄想的感觉之间转变。

母亲或父亲的抑郁症

现在，我开始探讨抑郁症这个主题。这将更有趣，因为它与日常生活密切相关。尽管一端是抑郁症，另一端则是闷闷不乐，后者是完成整合的人类常见的状态。当济慈（Keats）说到这个世界时讲道，“在这里，稍一思考就充满了悲伤和灰暗的绝望”，这并不意味着他没有价值或甚至是处于不良的心理状态。这里，他是甘冒风险、深度地感受事物并承担起责任的人。因此，一个极端是抑郁症患者，他们担负起整个病态的世界，尤其是那些与他们毫无关系的事情；而另一个极端是真正对这个世界负责的人——那些接受自己的仇恨、污秽、野蛮事实的人，这与他们的爱以及筑爱的能力共存。有时，他们自己的庄严感也会使他们情绪低落。

如果我们以这种方式来看待抑郁，就可以发现，在这个世界上，正是那些真正有价值的人变得抑郁，包括家庭中的父亲和母亲们。他们遭受抑郁之苦，这很遗憾，但如果对抑郁的存在毫不怀疑或不因抑郁而感到沮丧，则是一种更糟糕的状态。强颜欢笑否认抑郁，过了一段时间之后就会发现，即使是在圣诞晚会上，也会觉得无聊、乏味。

父亲或母亲对孩子的失望与他们对生活和生活目的的怀疑之间并没有清晰的分界线。实践中，我们可以看到并关注到绝望的往复转换，有时随着时间的推移，来自朋友或医生的一点点帮助就可以使个体的生活在希望与绝望之间发生变化。也许我所说的会把普通的抑郁与日常生活体验联系起来。我知道抑郁症是一种能造成严重后果的疾病，需要治疗，但更常见的是，它只是我们每个人时而会有的感觉。我们不想跳出我们的心境，但真正的朋友可以容忍我们，提供一些帮助，并且耐心等待。

我曾有机会观察父母的抑郁，因为在过去的三十年间，我在儿童医院有一间自己的门诊诊室。成千上万的母亲曾来到这个诊室，她们的孩子有各种躯体和心理障碍。通常孩子并没有生病，但是今天母亲很担心她的孩子；但也许**明天**就不担心了，尽管她本来也应该如此。我很快就意识到我的门诊可以看成是处理母亲和父亲抑郁症的部门（当然，很自然，带孩子来的主要是母亲，但我绝不会为了方便而将父亲排除在外）。

对母亲来说，当她们感到抑郁时能带着孩子来看医生是很重要的。当然，她们也可能去成人诊所，诉说她们担心自己的内脏或身体的某些部位不太健康。她们也可能去精神科医生那，公开地抱怨自己的抑郁。她们也可能会因为怀疑自己的善良而咨询神父，或者尝试一种骗人的万能药。事实上**怀疑**感与其相对立的**信仰**感、价值感以及**总有事情值得保留的**感觉密切相关。

因此，为引起对抑郁症的注意，我指的不仅仅是一种严重的精神疾病，也是一种健康人都普遍存在的现象，这与他们不抑郁时做好工作的能力紧密相关。

人们发现自己所做的工作之一就是建立和维持一个家庭。因此，当丈夫或妻子抑郁时，家庭也会陷入危险。例如：

> 一位母亲带着一个男孩来到诊所，因为她注意到在前一周孩子变瘦了。我很清楚这个母亲正处于慢性抑郁中，我理所当然地认为，她眼下担心的是她的孩子，这给了她一些缓解，因为她总是或多或少有些担心自己。通过和这个男孩的接触，我发现他的疾病始于一次严重的家庭冲突——父母之间反复发生这些冲突，父亲突然问他的两个孩子："你们希望跟我生活还是跟母亲生活？"——这暗示着父亲和母亲打算分开。事实上，父亲一直没有好好对待他的妻子。这个父亲不成熟、软弱无能，却非常开心。然而，这里我关注的是母亲以及她的慢性抑郁状态。
>
> 对这位关注到孩子体重减轻的母亲，应当如何治疗？在我的诊所里，不是通过心理治疗，而是通过检查这个男孩来处理母亲的抑郁。通常我会发现这个孩子没有疾病。我选择

这个案例是因为这个男孩实际上已经开始患糖尿病了。我客观地研究这个男孩的状况，并进行随后的治疗，这些正是母亲需要的。她会继续被丈夫虐待，也将继续处于慢性抑郁中，有时还会是重度抑郁。但是我在有限的范围内处理她的担忧。自然，我除了帮助这个男孩治疗糖尿病，还帮助他理解家庭处境。我并没有主动解决更大的问题，即母亲的慢性抑郁这一更严重的问题。

社会工作的责任限度

在很多案例中，通过检查并处理母亲担心的事情而成功处理她的抑郁是可能的。比如，她可能陷于家庭琐事，不小心陷入了债务之中，尽管她非常不喜欢失信；或者可能她的丈夫已经失业了，而她也付不起电视机的分期付款。

另一位母亲带她的小女孩到我这来，却没有明确的目的。人们基本上都会说她主诉的症状主要取决于她碰巧走进的部门。她可能已经问过耳鼻喉外科的医生，是否需要注意孩子的淋巴组织。她可能问过眼外科医生，孩子的视力是否正常。她能快速地满足内科医生的期望并描述任何能引起医生兴趣的症状。我会很仔细地采集病史，这也能让母亲洞悉到自己对待孩子的态度波动。她会看到总体来说这个孩子的发育良好，除了母亲会不时地担心她的女儿。这个女孩确实有一些症状，包括没胃口。

> 在这种情况下，我会对母亲这样说："当你感到担心孩子的时候，你带她来是对的，这正是我们在这的原因。此刻，我的看法是这个孩子非常健康，我也愿意在下周或你感觉需要来的时候再重新考虑我的这一看法。"

这里，通过我对孩子的检查以及我认真地对待她所说的事实，母亲获得了她所需要的保证。相信孩子是健康的，她发现这对于她来说很困难，不过也许第二天她就会忘了她的焦虑。对于一个有些愚钝、年老和吹毛求疵的母亲，无论医生说什么，都不会起任何作用，尤其是当这位母亲确实是这样的时候。

另外，非常重要的是我们要记住，如果父母患有精神疾病，并且如果我们被认为是支持家庭的，我们必然会被认为是"站在家庭这边对抗"权威，或对抗任何一个可能成为父亲或母亲所讨厌的对象的代表。

有时，我们可能想知道为什么这些我所描述的人不能通过自然的方式获得帮助，以至于困惑和绝望逐渐积累，最终铸成大碍。在日常生活中，朋友也可能会做我们在专业治疗关系中所做的事情。但是，有些人并不是那么容易就可以交到朋友。通常我们所工作的对象都是持怀疑态度的。他们保护自己，或者退缩，或者一而再、再而三地换地方，而且他们没有能力与邻居接触。人们通常都可以围绕小困难找到方法，但只是一个失败就非常容易引起潜在的抑郁，例如仅仅是没能还上分期付款合同中的支付款项就可能会对生活和生命的意义绝望。比起购置一台电视机来说，它所触发的事情应归属于更深层次的内容。

很清晰的是我们所做的并不仅仅是日复一日地管理问题，但是这样日复一日的管理却是人们对抗抑郁的斗争方法之一。成功地管理一天就意味着希望；否则，即使是一些小的困惑，我们所感受到的却会是完全混乱状态的威胁，而这是无法恢复的。

社会工作治疗

在很多专业性工作中，我们是心理治疗师，尽管我们并没有诠释潜意识。我们处理人们的抑郁，预防抑郁以及帮助他们摆脱抑郁。我们是精神科护士。在精神病院，精神科护士的困难是太难获得成功了。幸运的是，我们总有机会成功。精神科护士的压力在于容忍失败，而这却是他（她）工作的很大一部分。精神病院的精神科护士会因为我们有成功的机会而嫉妒我们，因为我们接触的是抑郁症，它有自愈的倾向，这一倾向可因我们做的一些小事而频繁地得到帮助和强化。同时我们也必须认识到，在我们的工作中，也可能会遇到严重的案例，我们也必须要容忍失败。当然，我们必须知道在能够确信可以获得一个结果之前，我们必须等待。作为一个精神分析师，我在这种等待、等待、再等待的方面已经有很好的训练。也有一些成功与文中所说的成功并不完全相同，即我们确定我们所做的都是值得的，尽管可能最终这个人又再次进入监狱，或者这个女人自杀了，或者这个孩子最终被送入教养院或被判缓刑。

无望的精神病院案例和我们经常能够给予帮助的有希望的抑郁之间有什么不同？两种案例在心理学上没有本质的不同。医院里的抑郁患者在数月甚至数年里都做不了任何事，只是用拳头捶击自己的胸脯，说："我就是灾难！"她不能担心某些特定的事情，因为她不能接近真实的原因。相反，她感到无边无际的内疚，她持续地遭受着这种痛苦，最终我们也因为她的痛苦而痛苦。有时她会说她杀了跟自己亲近的某个人，或者认为日本的火车事故也是她的罪过。我们与她辩论这些事是毫无帮助的。我们也就白忙活了。

另一方面，十分有希望的案例包括那些**因为**某些事而抑郁的妇女，这些事情在抑郁中是有意义的。她会担心无法保持房屋干净。这里我们很容易理解，幻想与现实相交织；抑郁使她不能完成工作，而拖延工作又使她抑郁。

如果抑郁是**因为**某事，那么这个案例还是有希望的。这给我们提供了一条治疗的途径。帮助这名妇女找到她内疚感的真实来源并不是我们的工作，因为这可能需要长达几年的精神分析。我们能做的是在一段时间内给予一点帮助，**就在个体报告失败的地方，在这样的工作中传达出希望**。

我想要陈述的主要观点是：当母亲的抑郁以一种担忧或混乱的形式表现出来时，我们就有办法治疗这种抑郁——我们能处理这种担忧和混乱。我们通常**不会用这种方式去驱散抑郁**，通常我们所能做的最好的事情就是打破这种恶性循环，而在这一恶性循环中，混乱或对孩子的忽略反过来强化了抑郁。神志清楚的我们必须知道抑郁才是麻烦事，而不是当前所担忧的事。通常我们会看到没有了抑郁，母亲就能够管理那些数周甚至数月都压倒她的琐事。或者她开始从朋友那里获得帮助。

等抑郁没了，这名女性就会告诉我们这一切的原因就是便秘，她用了杂货店老板娘推荐的药草来治疗。我们不必介意。我们知道我们所起的作用间接地影响了这名女性的疾病，并在潜意识里最大限度地鼓励了她，加强了她解决内心斗争的力量。

临床案例

一个女孩找我寻求分析性治疗。我不会对她的抑郁倾向做长程分析。她在精神病院住了一年，现在，她已经出院回去工作了，但还有短暂的抑郁复发倾向。

最近，她抑郁了。所有都是关于她的新公寓的供暖问题。她尽力通过修葺旧设备来省钱，但现在，她必须要买一个新的设备。她如何才能赚到足够的钱来生活？她看不见自己以及独居生活的未来——仅仅是失败了一次。她哭了一整个咨询时间。

当她回到家，发现供暖问题已经解决了，某人还送了她一些钱。然而对我们来说，重要的事情是在她回家的路上，以及发现供暖器礼物和钱之前，她的抑郁已经在消散。在这些礼物到来的时候她充满了希望，尽管她在这个世上的现实地位并没有改变，她几乎都不再怀疑她是否可以养活自己，而我分享了她的无望时期。

我认为如果我们能够记住抑郁的沉重分量，且抑郁必须要在患者的内心由其本人自己来解决，我们只是尝试帮助来访者面对当下有可能会发生的任何问题，这样我们的工作就会变得清晰、明白，并能有所回报。我们的工作中还有一笔经济账，我们可以做任何需要做的事，只要我们在正确的时候做正确的事；但如果我们尝试不可能的结果，那么我们自己会变得抑郁，而案例也不会有任何变化。

现在，我再给两个例子：

> 这是一个非常好的家庭，私下来咨询我。这个家庭有非常强的家庭传统，住在漂亮的房屋里，踩着材料优质的地板。家里有两个男孩，其中一个男孩被父母带来见我，是因为父母看到他在以一种错误的方式发展。他的礼貌近乎完美，但是不知怎么地，他却失去了他的童年。
>
> 在这里我想要指出的是，在见过这两个男孩几次之后，我慢慢地发现似乎将他们交给母亲之外的其他人照料有一定的必要。母亲在处理自己的抑郁。她正在接受治疗，毫无疑问，她会度过这个阶段；但是我对这两个男孩的治疗到现在已经相当成功，而这使母亲处于一种糟糕的失败感之中。她不得不让其他人来照顾她的儿子，这对她已经造成创伤。她现在担心的是她完全正常的女儿。她要我对这个孩子也给予一些关注。很重要的是，我让她不时地知道我在从各个角度考虑第三个孩子，而且我也愿意重新考虑这个案例，但实际上那个时候我所看到的都是一个正常的孩子。我表达的任何怀疑都可能会被这个母亲理解为她真的一点都不好，进而强化了她的焦虑。当然，她是一个非常好的人，她和她丈夫建

立了一个家庭，这个家庭会一直持续下去，他们会看到所有的孩子顺利度过青少年期并走向独立，即我们所说的成年。在我确定这些情况以后，这个母亲开始来看我。她进行治疗，并且较之以前，她的抑郁已经有了很大改善。她说："房屋已经修补了，这意味着天花板上的裂缝不再是我的问题了。"小女孩进来说："现在房屋没有裂缝了，这不是很好吗？"（她曾经陷入对这个裂缝的恐惧中。）我对母亲说："你的孩子显然已经注意到了你的进步。"

第二个案例是关于我的一个同事，他长期抵制与心理有关的事情。他是一个外科医生，当有一天他对我说想要我去看看他的孩子，因为他们看上去有很多症状时，我感到这会让他自己都觉得吃惊。我看到了一个健康的家庭生活，虽然充斥着许多父母间的张力，但却有着足够的稳定性。就年龄而言，孩子们的症状并不能被称为问题，我们知道许多症状在孩子二、三或四岁的时候可能会有。在这个个案中我差点错失了一点，即父亲的抑郁，这让他怀疑自己是否有能力做好一个丈夫和父亲。幸运的是我及时察觉到了这一点，我对他说："这些孩子在我看来是正常的。"他获得了极大的、持续的宽慰，这个家开始成长和兴旺。如果我在见到了孩子们的生活和他们夫妻关系中的焦虑及困难以后，就开始来清理这些内容，这将会造成一种灾难。我的任务是有限的，在这个案例中我只做了我应该要做好的事情，但我一定要很快地做到，毫不迟疑，而且要十分肯定。我认为即使是一个智力检测，或者任何来自我这里的怀疑，都会让这一案例长期陷入到复杂的情景中。我知道如果我建议这些孩子做心理治疗的话，这个男人的妻子将会多么憎恨我。

在这里我想将注意转移到在其他人没有受到严重伤害的情况下，个体所能容纳的抑郁的严重程度上。这里用一个个案来说明：

这是一位在学术领域很杰出的女性，她本来可以在教育界享有受人尊敬的地位。然而她选择了结婚，养育了三个儿子，现在三个儿子都已经结婚了。她有八个孙子。我们可以说她的生活是十分成功的，特别是在抚育孩子和建立家庭这方面。她能够忍受丈夫过早死亡，没有过多依赖孩子们。作为一个寡妇，她发现自己需要用工作来释放她的能量并谋生。现在我偶然了解到，这位妇女每天早晨都遭受着严重的抑郁。这已成为她生活的特点。从早上醒来直到她吃完早餐并且使自己看起来可以被这个世界所接受之前，她处于重度抑郁中，不仅仅是哭泣，而且随时处于自杀冲动的危险之中。

我想可能有人会觉得她生病了，在早上醒来到早餐之间这段时间，就像精神病院的抑郁症患者一样。她遭受着强烈的痛苦。毋庸置疑，如果她没有这种疾病，她的家庭可能会调节得更好。尽管如此，在她的案例中，和其他很多人一样，抑郁是一件自我包容的事情，主要是她自己的感受，她要尽可能地接受“她的生活就只是这样”的事实。一天中其他时间里，人们除了知道她是一个非常有价值的人以及她的责任感（这是孩子感到安全所必需的）之外，其他几乎什么都不知道。

这些虽然有些抑郁但仍属正常的人也有朋友。他们的朋友了解他们并且喜欢他们，积极地评价他们，因此能够给他们必要的支持。但是，那些在交朋友以及和邻居相处方面有困难的人会怎样呢？对这些人来说，我们的到来是非常必要的，我们将以专业的方式给予如同朋友般的帮助，但是是以专业的方式，并在有限的范围内给予帮助。然而，这种会破坏友谊的怀疑同样也会干扰一个人从专业的角度来使用我们的能力。或者，我们会发现我们像朋友一样被接受并被理想化，这样我们在所有时间里都会听到其他人被污蔑，不是其他的社会工作者，就是地方权威，或者房屋管理会、住在平房里的黑人或姻亲。这是一个偏执的系统，被一条线分为好坏两边，我们碰巧在好的这一边。当我们在坏的那一边时，就会被排除。

抑郁心理学

最后，我要简短地总结一下抑郁心理学。当然，这是一个极其复杂的主题，或者，有很多不同种类的抑郁：

重度抑郁症；
抑郁伴躁狂；
表现为否认抑郁的抑郁（轻躁狂状态）；

慢性抑郁，或多或少地伴有偏执性焦虑；

正常人的抑郁时期；

类似哀伤的反应性抑郁。

在所有这些临床案例中都有某种普遍的特征。其中主要是抑郁暗示着个体正在接受人类本性中攻击和毁灭元素所应负的责任。这意味着抑郁的人有能力抱持一定量的内疚感（关于主要在潜意识中的一些内容），进而允许寻求进行建构性活动的机会。

抑郁是个体情感发育成长和健康的证据。如果早期个体的情感没有得到很好的发育，那么个体到现在也不能感受到抑郁。如果我说这有关“关心”的发育，可能我的意思会更清晰一些。如果在个体成长中所有方面都发展得很好，并且只有在所有方面都很好的情况下，孩子在某个阶段就会开始关心自己，也关心爱的结果。爱不仅仅是充满感情的接触。爱必须为自己收集具有生物学反馈的本能冲动，而且婴儿和母亲（或父亲或其他某个人）之间的关系会带有毁灭性的想法。不带任何毁灭性想法，纯粹自由而完全的爱是不可能的。与这些同爱相伴随的、毁灭性的想法和冲动有关的内疚感的形成也同样伴随着给予和修复，以及以一种更细致的方式来爱的冲动。（当然，“爱”和“被爱”是平行的。）建构性的活动是个体成长过程中的重要组成部分，并能即刻与感到内疚、怀疑和抑郁的能力联系起来。

然而这些常常都是潜意识的，抑郁作为一种心境也反映了其大多是潜意识的这一事实。当攻击性和破坏性（人类本性的一部分）以及人类关系中的矛盾（我们常常这样称呼）已经进入个体的发育，却又被深深地压抑而无法接近时，我们就会患上抑郁症。在这样的疾病中，内疚感造成严重后果的感觉将不再能被获得，除非经过长期的、深入的精神分析治疗。

然而重要的是我们要记住，抑郁也反映某种程度的健康，所以抑郁症有自愈的倾向，而且通常外界的一点点帮助就可以让所有情况都发生改变，并有助于抑郁症的缓解。这种帮助的基础是对抑郁症的接纳，而不是急切地想要治愈它。正是因为个体允许我们看到可以给予帮助之处，我们才有机会给予间接的帮助。要记住在抑郁的情况下，我们真正参与的是心理护理。

〔1958〕

8

精神病对家庭生活的影响

可能最好我先来解释一下“精神病”这个词对我而言的意义。精神病是一种心理上的疾病，但它不是神经症。在某些案例中它有躯体基础（如动脉粥样硬化）。它是人的一种疾病，而这些人的心理健康程度并没有达到神经症的要求。如果我们说精神病意味着“相当严重的病”，而神经症则是“有点病”，那么事情就可以简化了；但是，这里的复杂之处在于健康人可以和精神病玩耍，而基本上不会和神经症玩耍。精神病比神经症更接近实质，更贴近人类人格的元素和存在本身，而且（引用我自己的话！），如果我们只有理智，那我们真的很可怜。

精神病可以被认为是精神分裂症、躁郁症以及或多或少伴有偏执状态的抑郁症的通俗说法。任何两种疾病之间都没有非常明确的界线，例如我们常常会看到某个有强迫症状的人变得抑郁或迷惑，然后又返回到强迫症状上。这里神经症式的防御转变成精神病式的防御，然后又转变了回来。或者分裂样的人变得抑郁。精神病代表了一种防御的组织，在所有有序的防御之后存在混淆的威胁，事实上这就是整合的崩溃。

精神病对家庭生活将会有什么样的影响，让我们通过对真实案例的讨论来最为清晰地显示出来。我们当中那些关注这些问题的人很清楚，很多家庭都是因为某一家庭成员患有精神病所带来的压力而破裂的。而如果他们能从这种无法忍受的压力中得到缓解的话，这些家庭也很有可能会保持完整。这是一个巨大的实际问题，急需预防措施，尤其是以为儿童提供精神病院式护理的方式。我所想的是根据人们的居住区域设定某些场所，孩子们可以不定时地被托管在这些场所，在这里孩子每天都可以接受精神分析师的治疗，而这些分析师同时也可以看其他类型的患者，包括成年人。

精神病呈现的问题融入到了那些由原始精神缺陷、躯体缺陷如痉挛性肠梗阻和联合异常、脑炎后遗症（值得高兴的是现在比 20 世纪 20 年代少多了）以及暗示剥夺的各种反社会倾向的临床形式等所引起的问题中。然而我在此想说的是，精神病本身可以暗示早期情感发育的某些障碍，而那些大脑并未受影响。在某些案例中，精神病的遗传倾向非常强烈，而在其他案例中却并没有这样重要的特征。

我将以一个观察了多年的病例开始，并且我对实际情况未做任何修改。

一个男孩，由一个很男性化的妇女所生。他的出世对于他父亲来说是一种讽刺。他父亲非常依赖他的妻子，几乎没有决策能力，也几乎不承担任何责任。然而他却是一个高端学科的专家，能够挣很多钱。男孩很早就表现出很好的头脑，还有精神病倾向。他的异常在早期并没有得到确认，因为每个征象都被看成是他父亲童年特征的重现。祖母总是说：“他爸爸也是这样的。”例如，他带着他特有的精神病特征来到他祖母的起居室，说：“你弄脏了你的内裤。”他父亲做事也是用类似的方式，当他是个孩子的时候，也说了同样的话。

尽管父亲在专业领域上获得成就，这个男孩却无路可走。例如，他将伦敦的交通标志分成了 38 类。他没有让自己进行有用的专业化发展。当然，他也不能做加法，因为他不知道“1”是什么意思，但是很幸运他绕过加法直接步入到高等数学中，他本可以成为一个象棋神童，但他没有。现在他 30 岁了。父母不得不让自己关注现实的问题和未来的问题。他们存了足够的钱来保证他以后的生活。他们不敢再要更多的孩子。更重要的是，他们也许应该先让自己长大，像很多人那样；也许在生命的晚些时候他们会分开，并各自重新开始一段更为成熟的婚姻。但是精神病将这两个有责任感的人置于夹缝中。因为这点，他们无处可逃。

在给出这个病史的时候，我有意无意地掺入了一些对于婚姻和再婚的我个人的观点。有些人非常真诚地相信成长；如果有必要，这样一些错过了青春期的人会在他们中年的某时再次度过青春期[1]。问题是：这些好处能抵消多少痛苦呢？当精神病或者

[1]对这一话题的充分讨论见本书第 6 章。

相似的障碍在事件中占据主要位置的时候，除了处理疾病，我们似乎别无选择，除非我们做一个懦夫。

这里还有一个长程的案例：

> 我给一个7岁半的男孩做过咨询，他是家里唯一的孩子，出生时有明显的脑损伤。在咨询的时候，他被认为智力异常，但是他却表现得很聪明。大约8岁的时候他变得会读书，仅仅因为护理他的护士说她一定要教他读书，哪怕这是对他有害的。有能力读书是重要的，这让他父母放松很多。这个男孩（现在20岁）很小就开始问一些问题。他是家里唯一的孩子，也可能是一个的错误。我想，他父母并不愿意要孩子，或者他们对这个孩子的出世是没有准备的。他们完全被工作、养马以及其他事情占据了；他们对生活的想法就是一周当中集中精力夜以继日地工作，住在一间小小的、整洁的公寓里，如三明治般夹在两个周末之间，而每个周末他们在英格兰的中心过着原生态的、与奸狡者和猎头舞会相交错的生活。这只是在这两个人生活中的周末。
>
> 现在这个患精神病的儿子整晚尖叫，把一切都搞得乱糟糟，他对国家一点用处都没有，他怕狗，又不会骑马。一切都无法正常。
>
> 这两个好人不得不最大限度地人为调整生活以适应这个孩子的生活，但是自然，对这个孩子来说没什么是适合的。他们牺牲了很多来给他做治疗，但是依然没有治好他。父亲在他职业生涯的巅峰由于卒中而过早离开人世，母亲束手无

策，只剩下了对这个孩子的责任。一所学校试着来拯救这个孩子，他留在了学校里，尽管不能成为一个能承担责任的、成熟的人。最糟糕的是，这个男孩子是一个非常可爱的人，没有人能够去伤害他，并且他永远都需要关注，然而给予5岁的正常儿童这样的关注是很容易的，但是却不能永远地给予一个孩子这样的关注。

下面是一个更为有希望的案例：

一个小男孩，他父母有着高度的责任心。某时，他的发展出现了倒退而不是前进，这似乎与母亲的再次怀孕巧合。一个完全的进展性儿童精神病就这么发展起来了，一直持续到现在，这个男孩已经被认为无药可救了。

安排心理治疗是可能的，治疗也被证明有一定的效果。父母尽可能地来支持治疗并等待结果，但如果不是医院社工的安排，他们一家人是不可能坐在一起的，这个男孩每周数次在特定时间打电话叫车前去咨询（已经持续了两年），然后往返10公里。花费是巨大的，但肯定是值得的。

在这个特别的案例中，家庭能够支持患病的孩子。我在此要提醒的是，孩子治疗成功有可能会对父母一方或双方造成伤害。表现得很好的成年人可能有潜在的精神病，疾病隐藏并休眠，却由于孩子朝向健康的转变而被激活，而这需要被识别和予以关注。下面这个案例讲的是寄宿学校接收的一个男孩：

公立学校的一位校长有个儿子，这个儿子几乎毁了他的职业生涯，情况如此严重仅是因为他无法适应其他任何人。这个男孩是几个孩子中最小的（其他孩子都是正常的），他出现了混乱状态并不断持续，使他无法在当地他父亲的学校学习，也无法在他居住的学校生活。他完全无法安静下来，并且喜怒无常。他的妈妈本来可以照顾一个更正常的孩子，但她年龄太大了，无法照顾这个最小的孩子，因为这个小儿子不能安静下来。父亲专注于他的研究和日常事务，就像拿着一个一端已经损坏的望远镜，只在很远的距离观察。

这个母亲有着强大的内驱力，她总是试图帮助那些与她一样处于相似困境的父母。这个家庭本来可能会破裂，但一个学校接受了这个男孩以及他的情况，并不期待他会有什么优点。他现在快 20 岁了，仍然待在学校里。

越来越多的寄宿学校努力想让这些男孩或女孩生活得很好，或者说，它们就是那些专门为这些适应不良的孩子而设计的学校。这个男孩并不是适应不良，他没有表现出反社会倾向；他是一个充满情感的、总是期待被人喜欢的孩子。但是他总是混乱，或者尽力将几个不连续的片段组织起来。他能够进行治疗吗？我看过他几次，但是，在他每天来我这里或者去大学找我的时候，我找不到任何地方可以安置他。

这类案例不太好处理，因为他们不具有反社会倾向的性质，反社会倾向可以一直持续，直到它具有某些权威，给他们的情感和躯体戴上一个紧箍咒。这个男孩的疾病渐渐地磨掉了家庭的结构。他甚至不能从尝试、成功或失败中获得愉悦和好处。这样，家庭中的其他孩子可能会尽可能快地逃离，父母随着年龄的增长而憔悴，为他们的身后事担忧。即使是父母自身的某些因素导致了孩子的疾病，情况也不会有什么不同。通常情况就是这样。但伤害并不是任性和荒唐地产生，它只是发生了。

> 北部地区的一位教授和他的妻子建立了很好的家庭，一切都是美好的，直到孩子得了精神病。由于在婴儿期没有觉察到孩子有克汀病，这让他们非常苦恼。他们对这个患精神病的女儿简直无能为力。
>
> 我很幸运，在这个案例中能够与一位儿童部门的官员建立友谊——结果很快就找到了一个愿意接受这个女孩的寄养家庭，一个在英格兰南部郊区的工人阶级家庭。这个家庭可以接受正在发育的及在疾病康复过程中出现退行的孩子。教授的家庭因此而得以挽救，教授也可以继续他的事业。事实上让我感兴趣的是，原生家庭和寄养家庭父母的社会状态似乎没有关系，当然对于这个女孩子，没人期望她能成为一个学术上有所作为的人，这点对她而言是重要的。进一步讲，我很高兴原生家庭和寄养家庭之间离得很远。

有种常见的复杂情况，即父母因为孩子的情况而心存内疚。他们无法解释为什么，但他们无法将孩子的情况与预期的报应区分开来。养父母没有这样的负担，所以他们更能接受孩子行为粗野、古怪、退步、没有节制、依赖。

尽管这很明显，但我仍想再评论一下：我们不应该让任何家庭因为孩子或父母的精神病而破裂。至少我们应当可以提供一些缓解。但现在我们却常常做不到。

不知道为什么，我脑海中闪现的大多数案例都是男孩子。是巧合，还是因为女孩子以某种方法将自己隐藏得更好，更会装腔作势，或者更像母亲，一直将对未出生婴儿的认同保留在自己内心？我认为女孩子能够通过假性自体而有所逃避的理论有一定的正确性。女孩子更容易顺应与模仿，这点比男孩子做得更好，即女孩子可以更容易地避免被带到儿童精神病医生那里。女孩子只有在出现厌食症、结肠炎，或青春期问题，或成年早期抑郁的时候，精神科医生才可能出现。

一个 13 岁的女孩从 100 英里以外被当地官员带到我这里，这是她可以寻求的最后资源了。在候诊室，我看到的是一个多疑的孩子，父亲是那种可以在我面前随时爆发的人。对我来说需要赶快行动，于是我让父亲等待（可怜的男人！），然后跟女孩谈了一个小时。通过坐在她身边这种方式，我能够跟她紧密联系，并维持了几年，直到现在。我不得不跟她一起勾画她对家庭的偏执性妄想。事实上，这些包装过的偏执性妄想可能是准确的。

一个小时后，她让我去见她父亲。他笔直地、高高地骑在马上，小心防御着。他是当地政府的一个重要人物，他的地位因为女儿对别人所说的一切而毁掉了。父亲的政治地位使当地政府几乎不可能按照他们希望的那样处理这些事情，确实，对于这个问题没有明确的答案。

我唯一能做的就是告诉他们这个女孩一定不要再回到家里。因此，她有一到两年的时间待在一个非常有名的女监护人家里，在那里她很快乐，大家也信任她，并让她照料小孩。

最后，这个女孩回到家中，就好像在她和母亲之间有一条潜意识的带子联系着一样，很快麻烦又重新开始。

后来我听说她去了一个少管所，跟很多雏妓一起。她在那里待了一两年，但是没有变成妓女，因为她不是一个有反社会倾向的、带着被剥夺感的人。她周围的那些强迫的异性恋女孩经常笑话她没有街头生活。

但是这个女孩还是有急性偏执。她产生了妒忌情绪，然后逃走了。最后她被送到一个为适应不良少年设立的寄宿学校，成为一名护士。她开始给我打电话，随时告诉我她在医院遇到的各种麻烦。护理部主任和护士长都是好人，她们喜欢她的工作，患者也喜欢她；但她总是犯错——为了找到工作她撒谎，靠各种健康或失业基金度日——但是她知道我做不了什么，最后她不再来电话了；然后，同样的故事在另一家医院发生，然后再次失望。她的灵魂饱受煎熬。基于我跟她的关系，我说：“你不要再回家了。”但是没有一个住在她家附近的人说过这样的话，因为那毕竟是个不错的家庭。如果女孩子的偏执性精神病好了，她就能看到她的家庭是足够宽容的。

父母一方有精神病常常让我们感到非常失败，因为往往是患病的那个人承担着监护孩子的责任。另一个健康的家长还能维持家庭，但这并不总是真的，常见的是健康的家长会逃离来挽救自己的理智，即使代价是不得不将孩子放在患病家长的控制之下。

下面的案例说的就是有病的父母：

> 一个男孩和一个女孩，他们只差 1 岁；女孩大一些，这本身就是苦难的所在。他们是两个病态的人仅有的孩子。父亲是位成功的商人。母亲是位艺术家，为了婚姻而牺牲了事业。母亲是一个非常不适合成为母亲的人，有隐匿的精神分裂症。她对婚姻很恐惧，但却结婚了。她生这两个孩子就是为了让自己在家庭氛围内完成社会化。而她丈夫有躁郁症特质，近乎精神病患者。
>
> 只要男孩是“干净”的，母亲就能忍受他；对婴儿来说，她是没有任何用处的。她对儿子的爱持续而强烈，尽管据我所知到目前为止她还没有躯体行为，但男孩在青春期出现了精神分裂症式的崩溃。女孩则特别依恋父亲，这深深地影响着她，并且这给了她第二次机会；在此基础上，直到父母去世，40 岁时她才崩溃。同时，她成为一个成功的女商人，在她父亲去世后继承了父亲的事业。她蔑视男人，认为“没有理由认为男人有优越感”，通过事业她证明自己什么都不缺，然而她的弟弟却缺乏男人所需要的所有东西。弟弟

> 结婚了，组成了一个家庭，然后取代了自己的妻子，从而可以像妈妈一样照顾自己的孩子，对此他做得非常成功。
>
> 最终，所有的事情都暴露出来了，这个病得不轻的人带着非常成功的假性自体来寻求治疗。她来是为了能够让自己崩溃，以发现自己的精神分裂症，而她做到了这一点。对于将她转诊给我的医生，我并没有什么深刻的印象，治疗开始前，当给这位医生写信时，我写道：如果治疗顺利的话，她就会崩溃并需要照料。她使自己生病，但之后很快将自己收拢起来，在她能够感受到震惊和变形之前，病好了，出院了，而这些震惊和变形是她的聪明才智所憎恨的。
>
> 这就是父母的精神病在这两个非常聪明的孩子身上所起的作用，这两个孩子现在已年近 45 岁了。女孩子可能还有一些现实的生活，但是我不能肯定。

如果还有类似的案例来到我这里，我会明智地选择让其他人来帮助患者，使其崩溃。而我则非常乐意见证这样的崩溃给带着极度假性自体的人所带来的帮助。

问题是，我们能从这个简短的案例描述中学到什么？关键在于，直至父母去世，她才建立成为一个独立的统一体，才有了一些可能的缓解。但是等待的代价是巨大的，除了偶尔的视觉艺术或音乐能让她瞥见一眼真实外，她感觉到自己没有价值，也不真实。

一件非常糟糕但也是真实的事情是，孩子只有在父母去世以后才能看到一点希望。在这些案例中父母有精神病[②]，它控制着孩子，以至于孩子唯一的希望就是发展出假性自体；当然孩子也有可能先去世，但至少孩子真实的自体保留了整合性，它隐藏了起来，并远离干扰。

这些病史揭示了一些令人绝望的东西，这在临床工作中是不能避免的。有时候，面对这些严重的疾病，我们不得不听之任之，等待，直到家庭在压力下破裂；有时候，这又是我们的任务，即在事情变得更糟以前去终止这一情况；而在另外的一些案例中，我们尝试着处理存在的混乱状态。我们不能看到希望的事情经常发生，这是需要我们接受的，因为如果我们被绝望击倒，那么我们就对任何人都无所助益了。

〔1960〕

[②]参见本书第9章。

9

精神病父母对儿童情感发育的影响

在前面的章节中，我们已经讨论了精神病对家庭生活的影响，所描述的案例大多是由于孩子的精神病而引起的问题。现在我要进一步探索有精神病的父母对孩子情感发育和家庭的影响。

我想用一个11岁的女孩子写的一首美丽的诗来表达一些内容。在此我却无法引用这首诗，因为这首诗已经被那个女孩以真实的姓名发表在一个刊物上了，她用一连串充满情感的句子描述了幸福家庭中完美的家庭生活画面。诗句所表达的是一个家庭，家里有各个不同年龄的孩子，这些孩子互相交流，能体验到嫉妒，同时也能忍受嫉妒，家庭与潜在的生命力一起搏动。结尾描述了夜幕降临时出现的小狗、猫头鹰及户外的世界。字里行间充满着宁静、安全和稳定。这首诗给人的印象是它源于年轻的作者本人的生活。然而，有人会问，她有可能了解这些所有的事情吗？

埃丝特的故事

请允许我称作者为埃丝特，问题是：埃丝特的背景是什么？她是一对有才智的中产夫妇收养的孩子，他们还收养了一个男孩，现在又收养了另一个女孩。父亲总是给予埃丝特很多，他非常敏感，并且非常理解埃丝特。问题是，这个孩子早年的故事是怎样的？她是如何写出这首诗中的宁静，充满了家庭细节和氛围的？

> 埃丝特的生母据说是一个非常有才智的女性，能轻松掌握几种语言，但她的婚姻却非常不幸，后来她过着所谓的“流浪式”生活。埃丝特就是在这种情况下出生的私生女。因此在她出生后的头几个月里，她就和这样的一个母亲生活在一起，这个母亲完全只关注自己。母亲是家里最小的孩子。在她怀孕期间，有人建议她以志愿者的身份接受治疗，但是她拒绝了。孩子出生后，母亲就开始亲自照顾她，一名社工曾经描述，这位母亲对孩子就像对待偶像一样。
>
> 这一状态一直持续到埃丝特5个月大，那时母亲开始出现行为异常，看上去粗野而迷糊。一个不眠夜之后，她在运河附近的一片空地上游荡，看到一个前任治安警察正在挖掘东西。然后，她走向运河将孩子扔进河里。那个前任治安警察马上把孩子救了起来，孩子没怎么受伤，但是母亲因此被拘留，随后被鉴定为偏执性精神分裂症。因此5个月的埃丝特被送往当地一家权威部门的托儿所生活到2岁半，她

在那里被描述为“很难照顾”。

在埃丝特离开托儿所的头几个月，其养母不得不忍受种种麻烦，这对我们而言，意味着孩子并没有放弃希望。她可以睡在其他东西的中间，但是在大街上就尖叫。逐渐地，情况有所改善，但是症状在埃丝特被收养的5个月后重新出现，也就是她快3岁的时候，那时养父母家里又收养了一个6个月大小的男孩。埃丝特不允许这个男孩称她的养母为“妈妈”，也不许任何人说养母是这个男孩的“妈妈”。她开始变得非常有破坏性，然后又转变为对这个男婴的极度保护。这种改变开始于养母明智地允许她表现得像那个男孩那样大小的婴孩时，养母对待她就像她只有6个月大小一样。埃丝特建设性地运用了这一经历，开始了她成为一个婴儿的新的经历。与此同时，她与养父的关系也发展良好。而此时，养母和埃丝特之间多少有点持久的冲突。由于她们之间的冲突，精神科医生建议，埃丝特已经快5岁了，应该离开家里一段时间。当我们回头看当时发生的事情时，我们发现这可能是个很糟糕的建议。养父总是对女儿的需要非常敏感，适时地借机将她接回家来。如他所说，孩子对寄养家庭的整个信任由此崩溃。这个男人似乎成了这个孩子的母亲；可能通过这些信息我们可以追溯到他日后出现偏执性疾病和妄想的原因，在他的妄想中，他的妻子是以巫婆的角色出现的。

尽管养父母之间的关系有很大的张力，自从他们分居后，他们之间的法律纠纷一直不断，但埃丝特依然在稳定地发展。还有一个事实是养母也总是公开地表示自己更偏爱养子，而养子也发育得足够好，可以以直接的方式来回报她的爱。

那么，简单地说，尽管在她的诗中我可以感受到安全和体验到家庭生活，但这首诗的背后却是作者悲哀而复杂的生活故事。让我们来回顾一下这一案例中的启示。

一个病得不轻的母亲，如埃丝特的生母，可以给她的婴儿一个异常好的开端；这并不是没有可能的。我认为埃丝特的母亲不仅给了她令人满意的哺乳经历，也给了她婴儿最早期需要的自我支持，而这只有在母亲与婴儿认同的情况下才能给予。这个母亲可能在很大程度上与婴儿融为了一体。我的猜测是她想要摆脱已经和她融为一体的婴儿，因为她看到面前突然出现了一个新的阶段，而她却无法处理，在这个阶段里婴儿需要与她分离。她无法跟上婴儿在新的发育阶段中的需要。她可以把婴儿丢掉，却无法让自己与婴儿分离。此时内心中非常深层的力量在起作用，当她把婴儿丢进运河的时候（先是选择了一个时间和地点，几乎可以断定婴儿是会得救的），她是想要应对某些强有力的潜意识冲突；例如，她对与孩子分离时想要吃掉孩子的冲动的恐惧。就这样，这个 5 个月的孩子在被丢进运河的时刻可能就丧失了一个理想的母亲，一个还没有被咬、被拒绝、被推出门外、被敲碎、被偷窃、被憎恨以及被毁灭性地爱着的母亲；事实上理想的母亲已经保留在了理想化中。

之后有很长一段时间，我们并不知道具体的细节，除了埃丝特被送去托儿所，在那里她很难伺候，这说明她一直保留着一些好的早期体验。她没有进入服从状态，那样可能意味着她放弃了希望。在她的养母出现之前已经发生了很多事情。自然，随着养母具有一定的意义，埃丝特也开始把养母当作是她曾经丧失的东西：咬、拒绝、推出门外、敲碎、偷窃、憎恨。此时当然，养母极其需要有人能够告诉她发生了什么，能期望什么，要做什么准备。也许我们会尝试让养母知道所发生的是什么，但我们没有记录可供参考。她接管了这个失去了理想母亲的孩子，这个孩子在 5 个月到 2 岁半之间有混淆的经历；当然她也接管了没有基础情感纽带的孩子，这种纽带源于孩子的早期婴儿护理。事实上她甚至从没有和埃丝特出现过好的关系，虽然她可以轻松地应对那个男孩；当后来养母又收养了一个女孩，即第三个孩子的时候，她总是反复对埃丝特说："这就是我一直想要的孩子。"

在埃丝特的生命中父亲才是一个好的或理想的母亲，这一直持续到家庭破裂。可能正是这一点分裂了家庭，父亲变得越来越强迫性地去满足这个孩子对母亲的需要，养母则被迫越来越多地在孩子的生活中成为一个迫害者的角色。这个问题破坏了养母其他令人满意的存在，她对她的养子以及第二个养女都做得很好。

埃丝特明显地继承了她生母语言方面的天赋，以及她母亲的智慧，我想没有人会认为她是个精神病患者。尽管如此，她仍然遭受了剥夺，她的问题之一便是强迫偷窃。她也有学习的问题。她与养母一同生活，养母对她的占有欲太强以至于她几乎不可能跟养父接触；与养父一起变得越来越尴尬，最后养父发展为偏执性妄想。

养父母都知道埃丝特的母亲有精神病，也就是说她是被确诊了的患者，但是他们不知道具体的情况，因为当时精神科社工意识到这对夫妇害怕埃丝特会有遗传。有意思的是，在这些案例中，人们对精神病遗传性的担忧似乎掩盖了孩子被收养以前在托儿所那段生活经历所带来的、严重得多的问题。在埃丝特的案例中，在孩子看来，这段时间无疑是混乱的，这个阶段也正是应当有一些非常坦诚并且简单、真诚的人际关系的时候。

精神疾病

父母患有精神病不等于孩子在儿童期就会得病。病因学远不只那么简单。精神疾病不会像黑头发或者血友病那样直接遗传，或者通过母亲的乳汁就可以感染。它不是一个疾病。对于那些关心疾病胜于关心人的精神病学家来说——他们将其称为思想的疾病——生活要相对容易一些。但是像我们这些将精神病患者看作不只是患有一种疾病，也是为了自己的发展、适应和生存而不断斗争的人，我们的任务注定将是复杂的。当我们看到一个精神病患者时，我们感到“若非上帝的恩典，我也可能如此”。我们了解这种障碍，在这种障碍中我们看到了非常夸张的情况。

有些分类方法有助于区分疾病的不同种类。首先，我们将患精神病的家长分为父亲和母亲，因为某些特定的影响只与母婴关系有关，这些影响开始得非常早；或者如果与父亲有关，父亲的角色也只是母亲的替代者。这里我们注意到，父亲有另外一个角色，更加重要的角色，在这个角色中父亲让母亲也成为一个人，将那些魔幻的、强烈的、会破坏母亲慈母心的元素除掉。父亲有他们自己的病态，我们可以研究这些对孩子的影响，但很自然，这些病态并不会对婴儿的最早期产生冲击，首先婴儿必须足够大，并能将父亲看成是一个男性。

下面我会从临床的角度将精神病粗略地分为躁郁症和分裂样障碍（包括精神分裂症）。同时还有不同程度的被害妄想，它与忧郁症交替出现，或者表现为一种普遍的偏执性敏感。

现在，我们选择精神分裂症这种最为严重的疾病，并一同为其临床痊愈而努力（这里不考虑神经症，它暂时与我们无关）。

如果我们观察分裂样患者的特征，我们会发现他们内心和外在现实之间的边界非常模糊，即他们的主观感受和客观感受之间的边界很脆弱。如果我们观察，会发现患者身上的非现实感。同样，分裂样患者比正常人更容易与人或事物融合，他们更难感到自己是一个独立的个体。此外，我们注意到分裂样患者在躯体自我的基础上建立起自己的某方面也是失败的，心理与解剖和躯体功能的联系不清晰。其心身关系非常差，心理边界可能并不能和躯体边界精确地匹配。另外，智能加工可能发展得更快。分裂样男性和女性都不容易建立起关系，他们既不能和外在的客体维持好的关系，也不能和常规意义上的真实客体建立并维持良好的关系。他们依照自己的想法而不是他人的需要来建立关系。

有这些特征的父母在管理婴儿时在很多细微的方面都会很失败（除非他们将孩子交给其他人，并能意识到自己的缺陷）。

将孩子从患病父母身边带走的需要

我还希望指出另一点：在我的实践中，我总是会发现某种案例，这种案例的核心是让孩子离开家长，尤其当家长患有精神病或严重神经症时。我可以详细阐述很多这样的案例，但我想简要地描述一个案例，一个女孩，有严重的厌食症：

> 我把这个女孩从母亲身边带走的时候，她 8 岁，只要一离开，我们就发现她会变得非常正常。母亲处于抑郁状态，这是她对丈夫服军役的反应。只要母亲开始抑郁，这个女孩就开始厌食。后来，母亲生了个男孩，男孩也出现了相同的症状，这是为了防御母亲的疯狂需要，母亲需要通过拼命喂养孩子来证明自己的价值。这一次是女孩带着弟弟来治疗。我无法让男孩和母亲分开，哪怕只一小会儿，他还不能让自己完全独立于母亲来建立自己。

实际上，我们常常不得不接受这样的事实，即孩子绝望地陷入父母的病态中，而我们对此却无能为力。我们必须识别出这些情况，这样才可以保留我们自己的理智。

这些有精神病特点的父母，尤其是母亲，确实会以各种不同的方式来影响婴儿和儿童的发育。然而我们必须要记住，孩子的病态是属于孩子自己的病态，虽然在病因学上，环境的失败会起很大作用。孩子可能会在环境因素之外找到一些健康成长的方法，也可能在良好的照料下仍然出现病态。当我们安排一个孩子远离有精神病的父母的照料时，我们是期望能与孩子一同工作，但我们很少发现孩子在远离了有精神病的父母之后会变得正常，就像我们上面引用的例子一样。

“混乱的”母亲

母亲非常不安的状态会严重影响孩子的生活，这就是母亲处于混乱状态的状况——事实上这也是一种有序的混乱状态。这是一种防御：事件的混乱状态得以建立并稳定地维持下来，毫无疑问这是为了隐藏表面下更严重、更具有威胁性的失整合。以这种方式生病的母亲确实是很难相处的。这里有一个案例：

> 一个女患者在我这里完成了一个长程分析，她的母亲便是这样的，而且这位母亲可能是我们能够想象的最难相处的病态母亲。家庭看上去像是一个好的家庭，父亲很稳定，也很和善，家里有好几个孩子。所有孩子都以这种或那种方式受到病态母亲的影响，而这与母亲和外婆之间的关系非常相似。
>
> 这种有序的混乱总是迫使母亲粉碎每一件事情，给孩子们的生活带来无穷无尽的困惑和烦恼。这位母亲以各种方式，尤其是在可以用语言表达的时候，持续地扰乱我的患

者，除此以外她没有做过其他事。她并不总是很糟，有时作为母亲她也会非常好，但她总是用困惑和烦恼以及不可预测的、创伤性的行为把每件事都弄乱。当与孩子谈话时，她总是使用双关语、无意义的韵文、铿锵的声音、扭曲的事实、科幻小说以及披着想象外衣的现实。她的蹂躏非常彻底。她的孩子都是不幸的，而父亲毫无力量，只能把自己藏到工作中。

抑郁的父母

抑郁症是一种慢性病，使父母的有效情感非常匮乏，这可能会是一种严重的疾病，阶段性地表现出来，其情感的协调性有时会突然消失。我这里所指的抑郁症是反应性抑郁症而不是分裂样抑郁症。如果婴儿还需要母亲完全关爱自己，却突然发现母亲关心的完全是另外一件事情，一件母亲个人生活中的事情，这会造成严重恐慌。这样的婴儿感到自己被彻底抛弃了。下面这个案例表明了这一因素对婴儿晚期的影响，那时孩子大约 2 岁。

托尼（Tony）7 岁时来到我这里，当时有严重的强迫症状。他变得喜欢做一些危险的反常动作，在游戏中他差点掐死自己的妹妹。由于他感到会失去母亲，所以在我的建议下，母亲会和他说话，这时这些强迫症状会消失。这种感觉是早年几次分离的结果。最糟糕也是最重要的一次分离是这个男孩 2 岁时母亲出现抑郁。

母亲处于抑郁的急性期，这使她完全离开了这个男孩，之后，较其他事情而言，抑郁复发都会更容易引起托尼对绳子的强迫。对于托尼来说，绳子是他最后的依靠，可以把那些会分开的物品绑到一起[①]。

因此，这是一个好的家庭中一位优秀的母亲慢性抑郁发作期所带来的剥夺。在托尼这个案例中，这种剥夺引发了他所呈现出的症状。

对于某些父母，他们孩子的困难则是父母躁狂抑郁情绪的转换。令人惊讶的是，即使是非常小的孩子，也可以非常精确地评估父母的情绪。每天开始的时候他们都会这样做，有时他们会学着随时留心母亲或父亲的脸色。我想以后他们也会看天气或听 BBC 上的天气预报。

正如我给一个 4 岁的孩子做的治疗，一个气质很像父亲、非常敏感的男孩。他在我的咨询室里，坐在地板上玩火车，我和他母亲则在一边和他说话。他突然说道：“温尼科特医生，你累了吗？”但他并没有抬头看我，我问他是什么让他这样想的，他说：“你的脸。”也就是说当他进入咨询室的时候，他确实非常仔细地观察了我的脸色。实际上我确实很累，但我曾经想掩饰这一点。母亲说他的性格中确实有仔细关心他人感受的特质，因为他的父亲就是在成为好朋友之前必须要得到他人精确关心的人。他也确实总是很累，很抑郁。

[①] See D. W. Winnicott，‘String’，in The Maturational Processes and the Facilitating Environment（London：Hogarth Press，1965）。

因此，孩子可以通过仔细地观察父母来应对父母的情绪波动，但是父母情绪的不可预测性则会是一种伤害。一旦孩子度过了最早期的最大依赖阶段，在我看来，他们就可以应对几乎所有持续存在的或可以预测的不利因素。自然，高智商的孩子比低智商的孩子在预测这方面更有优势，但有时我们也发现高智商孩子的智力被过度地使用——孩子滥用智力来预测父母复杂的情绪。

有病的父母作为治疗师

当然严重的精神疾病并不会妨碍父母在正确的时候为孩子寻求帮助。

例如，珀西瓦尔在 11 岁的时候因为急性精神病发作被送到我这里。他父亲 20 岁的时候曾患精神分裂症，而且正是他父亲的精神科医生给我转介的案例。现在他父亲已经 50 多岁了，已经可以与自己的慢性精神疾病和平相处。在他儿子得病的时候，他能敏锐地理解儿子。珀西瓦尔的母亲也是分裂症患者，现实感很差；尽管如此，她在孩子疾病的早期仍然可以护理他，直到他足以离开家接受护理和治疗。珀西瓦尔花了三年时间从他自己的疾病中恢复过来，这在很大程度上是由于他有病的父母。

我给出这个案例是因为我可以通过父母双方来观察珀西瓦尔疾病的急性期，虽然他们都有疾病，但也许正是因为他们都有疾病，我才可以做到。母亲让自己成为一个优秀的精神护理人员，她让珀西瓦尔的人格以所需的方式与自己的人格相融合。我知道她不可能长时间这么做，并且6个月后，当我收到紧急求助信号时，我立即让珀西瓦尔离开了家，但主要的工作已经完成了。父亲精神分裂症的经历让他能够容忍儿子那些极端的疯狂，而母亲的状况让她能参与到孩子的疾病中，直到她自己也需要一段新的精神护理。当然，随着男孩逐渐好起来，他必须要做的事情之一就是要明白他的父母本身也是有疾病的，并把这一点纳入到自己的进程中。现在他很正常地进入青春期，对他有疾病的父母非常感激，他现在很健康。

下面这个非常不同的故事也来自我的医院门诊，情况会是怎样呢？

> 这个家庭中父亲有癌症，而非精神障碍。医生奇迹般地让他存活了10年。结果是他的妻子，很多个孩子的母亲，整整15年没有休假，而且她已经完全放弃了希望。她只是活着，护理患病在床的丈夫并料理家务占据了她的全部生活，这一切都是阴暗的、扭曲的、抑郁的。任何时候出现错误或者又有一个孩子要离开家的时候，她都充满了自责。一个儿子在青春期的时候开始酗酒，但是其他的孩子都很好。母亲生活中唯一的快乐就是她的工作，即每天早上6点到8点她做的事情。她假装是为了挣钱，但其实她出门是为了换换环境，这是她唯一的消遣。在我看来，父亲的癌症就像是一张小丑牌，深刻地影响了整个家庭的生活。大家都无能为

力，因为癌症以至高无上的姿态坐在父亲的床头，含着笑，拥有绝对的权力。

这是个可怕的状态；尽管如此，对我来说，如果家庭中父母一方虽然躯体健康，却有精神疾病，则情况会更加糟糕。

发展阶段和父母的精神病

在这些理论中，我们要时刻记住婴儿在创伤性因素起作用时所处的发展阶段。婴儿可能是完全依赖的，与母亲融合在一起，也可能处于正常的依赖，并逐渐获得独立，或者儿童已经具备了某种程度的独立性。在这些阶段中，我们可能会考虑患精神病父母的影响，也可能会采用下列粗糙的方法将父母的疾病分级：

1. 病得很重的父母，在这类案例中需要其他人来照顾婴儿和儿童。
2. 病得较重的父母，在发病期间由他人照顾孩子。
3. 父母足够健康，可以保护孩子免受自己疾病的影响，并能寻求帮助。
4. 父母的疾病对孩子产生了影响，我们除了减弱或消除父母对孩子的权力以外没有其他办法。

我个人并不愿意使用法律手段把孩子从父母身边带走，除非出现残忍或明显的疏忽激起了社会良知的谴责。尽管如此，我也确实知道有时我们必须做出将孩子从精神病父母身边带走的决定。每一个案例都需要细致的检查，或者换句话说就是具有高度技巧性的个案工作。

〔1959〕

10

青少年：通过忧郁反抗

现在全世界都对青春期和青春期的问题有很大的兴趣。几乎所有国家都会有某些青春期团体通过这样或那样的方式使自己凸显出来。关于这一阶段的发育目前已经有很多研究，并由此产生了一种新的文学，既有年轻人书写的自传，也有与青春期少男少女相关的小说。我们的社会意识中这一发育阶段与我们所生活时代的特殊社会条件之间是有关联的，我们假设这一点是非常安全的。

探索心理学这一领域的人开始时必须要认识到这样一个事实，即青春期的少男少女并不想要被理解。成年人必须将自己对青春期的理解隐藏在自己心里。为青少年写有关青春期的书是很荒谬的，因为生命的这一阶段必须要自己经历，这是个人发现的特殊时期。每个个体都要参与到生存体验中，这是一个关于存在的问题。

青春期的痊愈

存在一种真正的青春期痊愈，而且只有一种，这对于处在痛苦挣扎中的男孩或女孩来说一点也不有趣。青春期的痊愈是一个时间的历程，是逐渐成熟的过程；所有这些合起来最终都会使人成熟。这个过程无法加速或减慢，虽然它确实可以被侵入和摧毁，或者由于精神科的疾病，已经从内心变得枯萎。

我们有时确实需要提醒自己，虽然青春期是我们固有的一部分，但每一个青春期的男孩和女孩仍然会在几年的时间内成长为一个成年人。父母比某些社会学家更了解这一点，公众对青少年现象的恼怒可以轻易地被廉价杂志和关键人物的公开声明所激发，他们将青少年看作是一个问题，但事实上每一个青少年都走在发展成为一个负责任的、有社会头脑的成年人的路上，而这一点却常常被争论所忽略。

理论观点

现在有大量的观点，关于根据个体情感发育而发展出的对青春期的一般性描述，及与此有关的动力心理学。

处于这个年龄段的少男少女们正在应对他们个人的青春期改变。他们开始了性能力的发育，也开始了带有个人过去史的、继发的性表现，并且这包含为应对各种焦虑而形成的个体防御机制。特别是，对于健康人而言，潜伏期都有充满情欲的俄狄浦斯情结，在这之前，每个健康的个体都有自己的经验，即在三角关系中有两个重要的位置——母亲和父亲（或者父母的替代者）；（在每个青少年的体验中）有某些有序的方法来消除痛苦，或接受和容忍这些核心情结中固有的冲突。

某些继承的和获得的个人性格及倾向，对性前期本能体验的固着，婴儿依赖和婴儿冷酷的残余，这些也来自于每个青少年早年婴儿期和童年的经历；另外，存在与俄狄浦斯期和俄狄浦斯前期成熟失败有关的疾病模式。因此，孩子会带着所有婴儿期和早年儿童期的经历所奠定的模式进入到青春期，其中有很多是潜意识的，而且由于个体没有体验到，我们还有很多都不知道。

我们有空间来容纳个体案例可能出现的大量变化，无论是在程度上还是在类型上，但总体的问题都是一样的：这一自我组织如何满足新的本我进展？青春期改变如何适应有问题的男孩或女孩的特殊人格模式？青春期的男孩或女孩如何应对新的毁灭、甚至是杀戮的力量（这种力量并不会与幼儿期的憎恨感相混淆）？这就像旧瓶装新酒。

环境

在这一阶段，环境所起的作用是无比巨大的。为了更好地描述，我们假定儿童自己的父亲和母亲以及范围更广的家庭组织会持续存在并且抱有兴趣。很多需要寻求专业帮助的青少年的问题都是因为环境失败，这一事实只是强调环境的重要性，以及绝大多数事实上能够达到成年期成熟的青少年的家庭环境的重要性，即使在过程中他们会让自己的父母头痛。

违抗与依赖

我们在这个年龄的人群中发现的一个特征就是在充满违抗的独立性与退行的依赖性之间快速转换，甚至在某个时刻这两个极端会共存。

个体的孤立

青少年本质上是孤立的。这来源于开始时孤立的地位，它可能会形成个体间的关系，并最终导致社会化。在这方面，青少年在重复婴儿期的核心阶段，因为婴儿是孤立的，至少他们在拒绝非我，并作为分离出来的个体而得以建立，从而能够与自体以外的客体在无所不能的控制领域之外形成关系。我们可以说在快乐原则给现实原则让路以前，孩子因其周围环境的主观特性而被孤立。

年轻的青少年们是孤立的集合体，通过认同不同风格的人，通过各种各样的方式来形成集合体。如果他们作为一个团体被攻击，他们会形成团体，但这是一个偏执的组织，是对攻击的反应；在迫害之后，个体会回归到他们孤立的集合体的状态。

性前期的性

更小的青少年的性经历染上了孤立的色彩，也因为男孩或女孩还不知道自己是同性恋、异性恋或单纯的自恋这一事实而得到渲染。在很多情况下，还有很长一段不确定的时期，因为不知道性冲动是否会出现。在该阶段，急切的自慰活动可能是一种重复摆脱的活动，而不是一种性体验，实际上这个年龄段的强迫性异性恋或同性恋行为可能也是为了释放性或释放张力，而不是一种整个人类之间的联合。整个人类之间的联合更可能首先表现在目标抑制的性游戏中，或表现在富有情感的行为中。

这是个人模式，伺机与本能相整合，同时从长远来看，我们也必须找到某些能缓解性张力的形式；如果我们有机会了解现实，在大部分的案例中都可以看到强迫性自慰。（对任何一个研究这一主题的研究者而言，座右铭是：不论谁问的问题，必须想到会撒谎。）

通过观察自我应对本我改变的方式，我们可以研究青少年，这是完全有可能的，而实践的精神分析师也必须准备好探索这一核心主题，要么表现在儿童的生活中，要么谨慎地体现在分析环境中的儿童所提供的材料，或者是儿童的意识或潜意识幻想，或者是个人心理或内在现实的最深的部分。然而，在这里我不使用这种方法，因为我的目的是用另一种方法来观察青少年，并试图将当今紧迫的青春期主题与过去 50 年的社会变化联系起来。

青春期的时间

社会健康的征象之一不正是十几岁的孩子能够按时（即在青春期的年龄）成为青少年吗？在原始人中，青春期改变不是被藏在禁忌之下，就是青少年会在几周或几个月内通过某些特定的仪式和严峻的考验迅速成为成年人。在我们现在的社会中，成年是通过自然的过程从青少年成长而来，这种前进是因为成长趋势。这可能意味着当今年轻的成年人有力量、稳定和成熟。

当然这一定会有代价。很多青春期的崩溃都需要容忍和治疗；同样，这一新的发展也给社会带来了压力，因为对于那些自己的青春期受到欺骗的成年人来说，看着他们周围的男孩女孩们处在绚丽的青少年状态中是一件非常痛苦的事。

三大社会改变

我认为有三个主要的社会发展使处于青春期的青少年的整体气氛发生了改变。

1. **性病**不再是一种可怕的疾病。梅毒螺旋体和淋病奈瑟菌不再是上帝的惩罚（虽然 50 年前人们确实是这样看待它们的）。现在可以用青霉素和其他合适的抗生素治疗[①]。
2. **避孕技术的发展**让青少年能够自由地去探索。这种自由是刚刚具有的，即探索性和肉欲的自由，这意味着不仅不需要遵从父母的愿望，也可以避免给这个世界带来一个不想要的、没有父母的孩子，这也是通常所希望的。当然，意外会发生，也一定会发生，这些意外会导致不幸的、危险的人流，或产生一个非法的孩子。但在探讨青春期问题时，我认为我们必须要接受一个现实，即现

[①]我清楚地记得我和一个女孩在第一次世界大战后某个时间的一次对话。她告诉我，就是因为对性病的担心，使她免于成为妓女。她非常害怕我会简简单单地说有一天性病是可以预防或可以治愈的，她说她无法想象如果没有了这个恐惧（她刚刚克服），她会如何度过她的青少年时期，这个恐惧帮助她走了正道。她现在是一个大家庭的母亲，是可以被称为正常的那种人，但她不得不经历她青少年时期的斗争，挑战她自己的本性。她经历了一个艰难的时期。她的确有一点偷窃和撒谎的毛病，但对性病的恐惧让她站住了。

代的青少年，如果他们想要，就可以去探索整个世界，而不需要遭受像意外怀孕这样的精神痛苦。这只有一部分是对的，因为对意外的恐惧等相关的精神痛苦仍然会持续，但在过去的 30 年中，这一新的因素已经改变了这个问题。我们可以看到，现在的精神痛苦来自于个体儿童天生的内疚感。我不是说每个儿童都有与生俱来的内疚感，我的意思是健康的儿童会以一种复杂的方式发展出正确和错误的感觉、内疚的感觉、奋斗目标，以及未来自己想要什么的想法。

3. **原子弹**也许造成了比我之前列出的我们时代的两大特征更为深刻的改变。原子弹影响了成人社会与青少年潮流之间的关系，而这本应当持续出现。现在我们必须在**不会再有另一场战争**的基础上来继续。现在有争议的是，虽然在任何时候世界上的某处都可能会爆发战争，但是我们知道再也不能通过组织一场战争来解决社会问题。所以我们也不再能够证明强大的军队或海军训练给孩子带来的益处，虽然这对我们来说是非常方便的。

这就是原子弹的影响。如果处理问题青少年已经不再是为了让青少年为他们的领袖和祖国战斗，那么我们再次回到青春期这个问题上来的理由就是青春期本身的问题。所以现在，我们要来“挖掘”青春期。

青少年是有优势的。在想象的生活中，人的潜力不只是性交的主动性或被动性。这包括一个男人战胜另一个男人，以及一个女孩对胜利者的崇拜。我认为，现在所有这些都不得不掩藏在咖啡吧的神秘仪式和刀剑带来的、偶尔的骚乱中。青春期必须要比以往更多地包容自己，而它自己本身就充满了暴力——有点像个体被压抑的潜意识，在向外在世界打开的时候并没有那么美丽。

当我们想到现代年轻人那些臭名昭著的暴行时，我们必须将其与现在没有、以后也不会有的战争所引起的死亡相比较，与以后不会有的战争中的残酷相比较，与曾经有但以后不会再有的战争中的自由性欲相比较。所以青春期与我们同在，这是很明显的，而且已经是这样了。

这就是三个变化给我们的社会关切所带来的影响，而且这清晰地表明青春期是主导，而不是像征兵制度一样，因为错误的部署而退出舞台。

错误解决方法的不可接受性

青少年最重要的特征是他们不接受错误的解决方法。这种基于真实和错误的强烈道德感也同样属于婴儿期和精神分裂症样疾病。

时间是青春期疗愈的良药，然而这个事实对青少年而言却没什么意义。青少年寻找的是一种即时的治疗，但同时也拒绝一个接一个的“痊愈”，因为在其中可以检测到一些错误的元素。

一旦青少年可以忍受妥协，他们就会发现核心真理的严酷性可以在很多方面变得柔和。例如，认同父母的形象也是一种解决方法；或者性方面的早熟；或者将重点从性转移到身体的运动技巧上，或从身体功能转移到智力成就上。总体来说，青少年拒绝这些帮助，相反，他们会经历一系列**忧郁区**（一个阶段），在这阶段他们会感到一点用也没有，而且也无法发现自我。我们必须要观察这一事件。但是完全回避这些妥协，尤其是使用认同和代替的经历，意味着每个个体都必须从摩擦开始，忽略所有在文化历史中已经产生的东西。我们可以看到青少年挣扎着重新开始，就像他们无法从其他人那里继承到任何东西一样。我们看到青少年基于细微的不同，以及某种同地域或年龄的团体凝聚力形成团体。我们会看到年轻人在寻找一种认同，一种不会让他们在斗争中失败的认同，他们**想感受真实的斗争**，想建立起个人身份的斗争，而不是符合某种既定的角色，只经历那些必须经历的事。他们不知道自己会成为什么样的人。他们不知道身处何方，他们在等待。因为每件事都停止了下来，他们感到不真实，这使他们去做一些特定的、让他们感到真实的事情，而对社会产生影响是非常真实的。

事实上我们确实太过于注重这些让人好奇的青少年的事情了，**挑衅和依赖共存**。那些照顾青少年的人可能会感到很疑惑，这些男孩和女孩怎么可以挑衅到这种程度，但同时他们又可以如此依赖，像个孩子似的，甚至像个婴儿，即表现出他们最早时期才有的婴儿式的依赖模式。另外，父母发现他们自己付钱让孩子有能力来挑战自己。这是一个很好的例子，那些理论家工作的层面和青少年生活的层面并不相同，父母或父母替代者正面临急迫的管理问题。真实的事情并不是理论，而是青少年和父母之间的相互影响。

青少年的需要

因此，将青少年的需要汇总起来是有可能的：

- 避免错误解决方法的需要。
- 感到真实或容忍毫无感觉的需要。
- 否认可以依赖、信任的环境的需要。
- 反复刺激社会，使社会的反对表现出来，或者能够符合反对的要求的需要。

健康的青春期和病态模式

那些在正常青少年中的表现与各种患者身上的表现是相关的。例如：

- 避免错误解决方法的需要与精神病患者的不能妥协是一致的，心理神经症的矛盾与健康人的欺骗和自我欺骗也是这样。
- 感到真实和毫无感觉与精神病的抑郁伴随人格解体是相关的。
- 否认与行为不良表现中的反社会倾向是一致的。

从这一点开始，我们可以看到，在一个青少年团体中，各种各样的趋势往往是由团体中病得更严重的成员呈现的。例如，团体中的一个成员过量服药，另一个成员则由于抑郁症卧床不起，还有一个在随意地玩着弹簧刀。在每一个案例中，孤立的集合体都在病态的个体后面组成团体，他们的极端症状会对社会产生伤害。然而，对于大多数参与其中的个体来说，在趋势的背后并没有足够的驱动力让这些症状成为令人烦扰的存在，并造成社会反应。

忧郁期

重申一次：如果青少年是通过自然过程来度过这一阶段的，那么就一定会有一个被称为青少年忧郁的现象存在。社会需要视它为永久的存在并容忍这一点，并且积极地回应它，实际上是满足这一点，而不是使之痊愈。问题是，我们的社会是否足够健康从而可以这样做？

让这一主题变得复杂的事实是某些个体病得太重（患有心理神经症或抑郁症或精神分裂症），无法达到所谓的青春期情感发育阶段，或者他们只能以一种高度扭曲的方法实现这一点。我没有将这个年龄阶段出现的、严重的精神科疾病包括进来，尽管如此，仍然有一种疾病不能被排除在外，即青少年犯罪。

青春期与反社会倾向

研究正常的青春期困难与反社会倾向之间的密切关系是有启迪作用的。临床上，这两种状态在动力学、病因学上并没有那么大的区别。反社会倾向的根源总是有剥夺。可能只是因为母亲在关键的时候处于退缩或抑郁的状态，或者家庭破裂了。即使是一个微小的剥夺，如果它发生在一个困难的时刻，也会导致持续的后果，因为它强化了已有的防御。反社会倾向背后总有某种健康状态，这种健康状态突然中断，在那以后所有的事情都变得不一样了。反社会的孩子总是以某种方式在寻找，暴力地或温柔地，要让世界承认它对自己负的债，或者努力想让世界重新形成崩溃前的框架。因此，反社会倾向的根源正是这种剥夺。总体来说，我们不可能说青春期的根源是由于与生俱来地存在剥夺，但总有某些与之相似的事物，虽然程度没有那么重，也没有那么混乱，它避免了让已有的防御过于紧张。所以在青少年认同的团体或孤立的集合体中形成了与迫害相关的团体，团体里的极端个体在为整个团体代言。青少年斗争中所有类型的事件——偷窃、刀剑、破坏和非法闯入，以及其他所有事情——这些都必须被纳入团体的动力中，坐在一起听爵士乐，或召开一个酒会。而且，如果什么都没有发生，个体成员会对他们反抗的现实感到不确定，但他们的内心还没有那么混乱，还不能做出反社会的行为，虽然这些行为似乎能让事情变得正确。但如果团体中有一个或两三个反社会成员，想做出一些反社会的行为来造成社会反应，那么这会让所有其他的成员都凝聚起来，让他们感觉到真实，使团体暂时有结构。每一个个体成员都会忠实于并支持那个为团体而行动的人，尽管他们当中并没有人赞同这个具有反社会特征的人所做的事情。

我认为这一原则也可以应用到其他疾病中。其中一个成员的自杀尝试对组内的其他成员都是非常重要的。或者一个成员不能起床，他由于抑郁而瘫在床上，旁边的录音机播放着非常忧郁的音乐；他将自己锁在房间里，没有人能接近他。所有成员都知道发生的事，每次他出来，大家都会开个酒会或做点什么，这可能会持续整晚，或持续两三天。这些都是团体中发生的事情，团体在变化，同样，个体也在改变他们的团体；但不知怎的，在同忧郁斗争的过程中，团体成员会使用极端的方法使自己感到真实。

在青春期如何成为青少年，这是一个问题。这对于每一个人来说都是一件极其勇敢的事情，他们中的某些人在努力达到这一点。这并不意味着我们成年人就必须要说："看，这些亲爱的小青年们正在度过青春期，让我们做好所有准备，等着我们的窗户都被打破吧。"这并不是重点。重点是我们被挑战了，我们迎接挑战，把它当作是成年人生活的一部分。但我们迎接挑战并不意味着去治疗所谓的健康。

青少年对我们最大的挑战在于我们内心中并没有真正地度过青春期。我们内心中的这一点让我们对这些能够拥有自己的忧郁期的人感到不满，也让我们想为他们找到解决方法。有成百上千的错误解决方法。我们说的或做的任何事情都是错的。我们支持，我们就错了；我们不支持，这仍然是错的。我们不敢说所谓的"理解"。但是随着时间的推移，我们发现这些少男少女已经度过了忧郁期，现在已经能够开始与社会、父母、所有更广阔的团体认同，不会因为担心个体会消失而有威胁感。

〔1961〕

11

家庭和情感成熟

心理学将成熟等同为健康。健康的 10 岁儿童对于 10 岁这个年龄来说就是成熟的；健康的 3 岁儿童对于 3 岁这个年龄来说也是成熟的；青少年是一个成熟的青少年，而不是不成熟的成年人。健康的成年人作为成年人是成熟的；我们的意思是人们经过了所有不成熟的阶段，却是年龄更小时候的所有成熟的阶段。不论是娱乐，还是在需要的时候，或者在私密的自主性欲体验中或梦中，健康的成年人都拥有所有可以依靠的不成熟。为了公正地评判“按年龄成熟”这一概念，我们需要重新陈述整个情感发育理论，但是我假设读者已经对精神分析所使用的某些动力心理学知识和理论知识有所了解。

在这一成熟的概念基础之上，我的主题是家庭在个人健康建立的过程中所扮演的角色。而这引出了我们下面要考虑的问题：个体能否在没有家庭的情况下获得情感成熟？

如果我们把动力心理学分为两部分，那么这里有两种方式来研究个体发育的主题。首先是本能生活的发育，性器前期本能功能和幻想建立起来，并形成完整的性欲，就像大家所共知的，这发生在潜伏期开始之前。沿着这条思路，我们会在某一时刻达到青春期，这时青春期的改变占主导地位，而在第一年中形成的对焦虑的防御也将会在成长的个体中重新出现或倾向于重新出现。所有这些都有非常相似的基础。相反，我采取另一种看待事物的方式，每一个个体都是从完全依赖开始，到较少地依赖，并由此开始走向自主。

第二种方式可能会比第一种方式更有用。如果我们这样做，就没必要过多地担心儿童、青少年或成人的年龄。我们所担心的是在任何一个特定时刻，环境能否完全满足个体的需要。换句话说，这和母性照料是相同的，它会根据婴儿的年龄改变，它会满足婴儿的早期依赖，也会满足婴儿朝向独立发展的需要。这一看待生命的第二种方法尤其适用对健康发育的研究，而我们此刻的目标正是研究健康。

母性照料变为父母照料，父母双方一起为婴儿、婴儿和儿童之间的关系负责。另外，父母在那时也将获得来自家庭中健康儿童的贡献。父母照料会发展成家庭，“家庭”这个词也会扩展到能够包含祖父母和表兄弟姐妹，以及由于邻近或有某些特殊的重要性而与我们有关系的人，比如教父（母）。

当我们探讨这一发育现象时（这一现象开始于母性照料，直到有青春期男女的家庭），就会被人性中对不断稳定扩大的个体照料范围的渴望所震撼，也会被人类想要争取一席之地以做出贡献的需求所震撼，特别是当个体迫切地想要创造和变得慷慨时。所有这些不断扩展的背景正是母亲的大腿、手臂和她的关心。

我在著作中描述了很多关于母亲为满足婴儿的需要而做出的

微妙适应，这些需要每时每刻都在变化，除了婴儿的母亲，还有谁会去了解并感受婴儿的需要呢？在此我将继续这一主题，并且认为只有孩子自己的家庭中才可能继续这一母亲和父亲承担的任务以满足婴儿的需要。这些需要包括依赖和个体朝向独立的奋斗，这一任务包括满足成长的个体不断改变的需要，不仅在满足本能发展这一意义上，也在保持在场并接受贡献这一意义上，这是人类生活的重要特征。而且这一任务也包括接受在违抗中的崩溃，以及又回到与违抗同时改变的依赖之中。

即刻我们可以看到违抗和依赖，我所讨论的正是青春期非常典型的表现，而且也可以被很好地观察到。事实上这成了管理的主题问题：当青少年转变成婴儿状态和依赖状态，对任何事情都想当然的时候，我们应当如何等待，同时又能够满足青少年违抗的需要来建立起他们个人的独立性？可以说，个体自己的家庭最能够也最愿意响应这样的要求，他们要求父母忍受甚至是暴力性的违抗，要求父母给予更多的时间、金钱和关心。众所周知，那些失控的青少年绝对不会丧失对家和家庭的需要。

我要再次强调这一点：情感成长过程中的个体正从依赖走向独立，健康的状态意味着有能力在依赖和独立之间来回转换。这一过程是不会轻易达到的。它因为在违抗和从违抗回归到依赖之间取舍而变得复杂。在违抗时，个体会突破任何围绕着他或她并保证其安全的事物。为了使这一突破有益，需要具备两个条件。个体需要找到一个更广泛的圈子来接受自己，也就是说，所需要的是有能力回到违抗前的状态。从实际的意义上讲，小孩子需要离开母亲的手臂和大腿，但也不是进入到太空，离开必然是对更大领域的控制，这也是孩子所离开的大腿的象征意义。年龄稍大的儿童从家里跑开，但仅止于花园的尽头。现在，花园的栅栏象征着狭义的抱持环境，我们也可以说是房子。以后，儿童会通过上学以及与家庭以外的群体建立联系来解决所有这些事情。在每一个案例中，这些外在团体都代表了从家里离开，而同时也象征着已经离开并且在幻想中违抗的家庭。

当这些事情顺利完成以后，儿童将会回到家里，尽管在他们离开时曾不可避免地出现违抗。我们将根据儿童的内在组织和个体心理现实的组织来描述这一现象。很大程度上，成功地发现个人的解决方式往往取决于家庭的存在和父母的处理。一个孩子如果缺乏令人满意的家庭处理，他在解决离开和回归的冲突时将会非常困难。可理解的处理方式通常是可以获得的，因为总是会有一个家庭，其中的父母会感觉到责任，也愿意承担责任。在绝大多数案例中，家和家庭都会存在且会保持完整，并为个体发育的这一重要方面提供机会。很多人都可以回顾过去，并且可以说，无论犯过怎样的错误，他们的家庭从来没有让他们失望过，或者至少不会超过他们的母亲在最初几天、几周、几个月里在母性照料中让他们失望的程度。

在家庭中如果还有其他孩子，个体儿童将由于有共享问题的机会而获得极大的缓解。这是另一个大的主题，但在这里我要强调的是，若家庭是完整的，兄弟姐妹是真正的同胞，则每一个个体都会有最好的机会开始进入到社会生活中。这里主要的原因是每件事的核心都是孩子与亲生父母之间的关系，以及这会在多大程度上使孩子们分开，因为这会使孩子们彼此憎恨，这种关系的主要效果将孩子们联系在一起，并创造一个对于憎恨来说安全的环境。

当家庭完整时，我们可以很容易地认为这些都是理所当然的。我们看到孩子们长大并出现症状，即使这些症状可能非常严重，通常也是健康发育过程中的表现。只有当家庭不完整或存在破裂的威胁时，我们才会认识到家庭完整的重要性。确实，家庭结构可能会破裂的威胁并不一定会使儿童产生疾病，因为在某些案例中，它将导致不成熟的情感成长和过早的独立及责任感。但这不是我们所谓的随年龄而成熟，而且这并不健康，即使它可能也有一些健康的特征。

让我说明一个普遍的原则。只要家庭是完整的，那么所有的事情最终都将与个体真实的父亲和母亲有关，这对我来说是有价值的。在意识层面的生活和幻想中，儿童可能会离开父母，并可能会因此感到极大的慰藉。尽管如此，重新回归父母的方式仍然总是会保留在潜意识中。在儿童的潜意识幻想中，需求总是放在他们自己的父亲和母亲身上。儿童会逐渐丧失很多或几乎所有对父母的直接需求，但这只是意识层面的幻想。所发生的是，逐渐地，外在真实的父母得以置换。家庭正是以此而得到巩固并且存在，即对于每一个家庭成员来说，真实的父母都活在他们内在的心理现实中。

从这里我们看到两种趋向。第一个趋向是个体离开母亲，进而离开父母，最后离开家庭。每一步都不断地获得观念和功能的自由。另一个趋向则在相反的方向起作用，它需要保持并且能够重新获得与真实父母之间的关系。正是这第二个趋向使第一个趋向成为成长的一部分，而不是个体人格的中断。从理智上来识别日益扩大的关系中象征性地保留了对父母的观念，这不是一个问题。我所指的是，个体在任何适当的时候确实有能力回到父母身边，回到母亲那里，回到核心或开始的地方，也许只是梦中的一瞬，或者是以诗歌或玩笑的形式。所有这些置换的起源都在父母和母亲那，并且这一需要将会保持下去。这一现象有非常广泛的应用领域，比如一个移民者可能会过上一种与以往生活完全不同的生活，但最终还是要去确认皮卡迪利马戏团仍像以前一样一直在那里。我希望以这个例子来说明，如果我们能够考虑到潜意识层面的幻想，而这显然是存在的，儿童对更广阔领域的不断探索、对家庭以外群体的不断搜寻以及对所有僵化形式的违抗性破坏，都是儿童想要与真实的母亲保持原始关系的需要。

在个体的健康发育中，无论哪个阶段，所需要的都是稳定的前进，也就是说，一系列违抗性打破旧习的行为都和在潜意识中保留与双亲或母亲形象的联系相协调。当我们观察一个家庭时会发现，由于父母想要保持并安排完成这一过程，以便让个体发育的进程不被打乱，他们会接受这些事件的自然发展过程中出现的巨大困难。

一个具体的例子是性的发育，包括个人性生活的建立和寻找配偶。在婚姻中，个体期待从父母的原生家庭中分离出来，但同时也实现了建立家庭的想法。

实际上，这些暴力性的时段常常隐藏在认同过程的背后，尤其是男孩对父亲、女孩对母亲的认同。然而，除非到目前为止个体的男孩或女孩完成了暴力推翻的梦想，在生活中以认同为解决方式并不那么令人满意。不断重复的突破是成长中的个体生活的特征，与这一主题相关的俄狄浦斯情结作为一种缓解而出现，因为在三角关系中，男孩可以意识到父亲的存在而保留对母亲的爱，同样，女孩知道母亲的存在而保留对父亲的渴望。如果我们只考虑孩子和母亲，那么也就只有两种选择，要么被吞噬，要么突破从而获得自由。

我们越多地对这些事物进行观察，我们就越多地看到，对于任何群体来说，为了保持事情顺利发展而接受必然会产生的那些巨大的麻烦会有多么困难，除非这个群体是孩子自己的家庭。

对我来说，补充说明与此相反的情况似乎也有一定的必要，也就是说，即使家庭在所有方面都为孩子做到了最好，也并不意味着儿童会因此而发育到完全成熟。每个个体的内在构造中都存在很多危险因素，而个别心理治疗的主要目的是清除这些内在的束缚和压力。继续这一主题就需要回头以另一种方法来看待个体的成长，我在这一部分的开头已经提到过。

当考虑家庭作用的时候，很有用的是我们要记住社会心理学和人类学在这一主题上所做的贡献。关于社会心理学，威尔莫特（Willmott）和扬（Young）最近的研究——《伦敦东部家庭和亲属关系》（*Family and Kinship in East London*）[①]应该值得注意。关于人类学，我们对家庭的很多方面随着地点和时间的变化而产生的变化非常熟悉，当我们在意识层面考虑时，有的时候是伯父（或叔父、舅父、姑父、姨父）和伯母（或婶母、舅

[①] Young，M.，and Willmott，P.（1957）. London：Routledge & Kegan Paul.

母、姑母、姨母）抚养孩子，亲生父母却丧失了，但却总是有潜意识中存在其真正父母印象的证据。

回到健康的成熟概念。对个体而言，跳跃一个或两个阶段，达到超越了其年龄所对应的成熟程度，在他们应当不那么成熟或应当有更多依赖的时候而已经变得很成熟，这是很容易的。当我们研究那些在自己的家庭以外长大的个体的情感成熟程度时，记住这一点是必要的。这些个体可能会以这样一种方式发育，使我们开始的时候会说：他或她是多么成熟和独立，在生命中这么早的时候就可以这样照顾自己多好啊！然而我并不接受将这样的观点作为最后的结论，因为我觉得，就成熟来讲，个体不应过早成熟，不应该在他们还处于相对依赖的年龄时就作为一个个体建立起来。

现在当我回头并思考我在开始时试验性地提出的问题时，我的结论是，如果我们接受“随着年龄成熟是健康”的观念，那么个体的情感成熟就只有通过家庭提供的父母照料（或母性照料）和进入社会环境的桥梁才能实现。而且我们必须要记住，社会环境正是家庭的扩展。如果我们考查人们养育幼儿和稍大一点儿童的方式，如果我们观察成人生活中的政治制度，我们将发现很多是从家庭环境中置换而来的。家和家庭仍然是所有社会环境能够进行工作的基础模式。

家庭为个体情感成熟所做的贡献有两个主要特征（用我在这里所选择使用的语言）：一个是持续地为个体保持高度依赖的机会；另一个是为个体提供机会，让他们脱离父母进入整个家庭，脱离家庭进入家庭以外的社会单元，然后从一个单元进入另外一个单元，并且也许不断这样进行下去。这些不断扩展的圈子最终会成为社会中的政治、宗教或文化群体，也可能就是民族主义[②]本身，它们是始于母性照料或双亲照料的最终结果，并将作为家庭而持续下去。家庭似乎被特设用来承载潜意识中对父母以及真实的父亲和母亲的依赖，这种依赖也保护着成长中的儿童想要违抗性突破的需要。

这种推论的方法使用了成人成熟这个概念，它与精神病学的健康等同。可以说，成熟的成人能够让自己与环境群体（environmental grouping）或制度认同，而且这样做的时候能够不失去个人的持续存在感，也不会过多地牺牲自己自发的冲动，这种冲动正是创造性的根源。如果我们考查"环境群体"这个术语所涵盖的领域，那么最高的评价就是这一术语的最广义，以及指个体感到被认同的、社会最广的领域。一个重要的特征是，在每一个打破旧习的行动实施之后，个体都有能力在崩溃的状态中重新发现原始的母性照料和父母的供给，以及家庭的稳定性，所有这些都是个体在早期阶段所依赖的。正是家庭为这一个人成长的核心特征提供了实践的场所。

这里的两句名言令人惊讶地组合在一起：

1. 事物不再是过去那样！（Things aint wot they was!）
2. 事物变化得越快反而越稳定。（Plus ça change, plus c'est la même chose.）

[②]无论我们多么渴望一个国际化的团体，也不能承受那些把民族主义作为发展战略的轻描淡写。

成熟的成人通过破坏后重建的方式给那些古老的、旧的和正统的东西带来生命力。所以，父母前进一步，然后后退一步，最后变成了祖父母。

〔1960〕

第二部分

12

儿童精神病学理论

专业领域

人们现在才开始意识到儿科中的心理学和儿科中的躯体疾病对身体有同等重要的影响。儿科学是以躯体成长，以及身体成长和身体功能障碍的先验知识为基础的。精神病学则是以对正常婴儿、儿童、青少年和成人的情感发育的理解，以及对个体如何与外部现实建立联系的理解为基础。

此时，我们需要考虑学院派(理论)心理学的地位。它位于身体成长和情感发育的交界处。学院派（理论）心理学家就是研究这些现象的。这些现象虽然是心理方面的，但事实上却属于身体成长。举个例子，技能的发展与大脑的成长和协调性的发展是**同步**的，或者技能没有发展出来往往是因为大脑有生理性损伤。我们可以这样来说明：学院派（理论）心理学家对儿童开始行走的年龄感兴趣；然而，动力性心理学则必须考虑儿童可能受焦虑驱使而比正常的时间提前行走，或可能因为情感因素而延迟行走。儿童刚开始行走的日期很难精确地反映出其以生理和解剖方面的成长为基础的行走能力。

智力测验这一重要的主题也说明了学院派（理论）心理学家所关注的儿童的能力基于大脑是一个功能器官。学院派（理论）心理学家感兴趣的是想方设法排除那些会干扰“纯粹”的测验结果的情绪因素。当临床医生使用智力测验的结果时，他又必须重新穿上在之前故意脱下的与动力性心理学有关的外衣。精神科的访谈和测验式的访谈是明显不同的，这两者不能混淆。甚至对于一个人，想要同时身兼心理学家和精神病学家两个角色也是很困难的。

事实上，精神病学家会充分利用心理学家极力想要去除的东西，即情感的复杂性。精神病学家的目的不是做测试，而是参与到患者情感生活的模式中，去感受卷入的到底是什么，以此来了解，而不仅仅只是去认识这个患者。

社会工作者在这些事务中处在与精神病学家同样的位置上。

乍一看上去，学院派（理论）心理学似乎比动力性心理学更科学。在临床医学和精神病学领域中都有一些人在实验室中工作得更好。然而也有一个事实是，人类是由感觉和感觉模式组成的，了解思想的轮廓并不是去了解人的心理。儿童精神病学中的临床问题大多涉及心理、人格，以及所感受的内在和外在的生活[①]。

医生——建议者

医生常常发现自己处在一个尴尬的位置上，因为作为生理医

[①]必须要强调的是，这里作者所坚持的并不是要贬低学院派（理论）心理学所从事的那部分工作。

学的权威，人们常常期望他们也是心理学的权威。他可以识别心理疾病，并把患者转介给一位精神科同事。然而，当人们期待医生知晓正常的情感发展时，这可能就超过了他们的能力范围。他并没有接受关于如何养育一个正常孩子的培训，因此也无法给予父母适当的建议。当然，他可以借鉴自己作为家长的经历，但是我们不能只通过父母观察自己的婴儿和他们自己来学习心理学。

关于婴儿情感发展以及父母照料和儿童照料的研究，实际上是一门科学学科，而且非常复杂，对学生有很高的要求。这不是“对孩子好”的问题，而是完全不同的主题。我们可以补充的是，如果父母是成功的，他们其实并不知道自己身上哪些方面导致了成功。我们甚至也可以这样说，父母的失败比成功更能为如何照料儿童提出建议，因为正是失败引导他们以客观的态度去探索儿童照料的主题。

很明显，即使是那些彻底关在房中、只关注照料儿童身体方面的儿科医生，也不能怠慢儿童精神病学。我们需要更努力，必须面对一门新的科学并建立起一种新的技巧，其所基于的正是尚未被包含进医学生课程表中的科学。如果这对于儿科医生来说是真实的，那么它对于教师和社会工作者而言也是如此。

心身二分法

没有什么比对心身障碍进行治疗更需要清晰地理解这些情况了。在实践中，找到一位身心取向的儿科医生，而他又能够非常容易地并在同等条件下与一位精神分析取向的心理治疗师合作是非常困难的，他们都相信对方的整合性，也都了解对方的工作。事实是，儿童不仅内心中在生理因素和心理表现之间被撕扯，而且在外部也被不同医生的激烈争夺而撕裂。一个因心身障碍需要住院的儿童，要么会进入某家医院的病房由某位心身取向的儿科医生负责，要么可能会进入如成人心理医院的机构，或者专门管理困难儿童的收容所，使儿科医生不再可能接触到这些病案。

确实也存在这样的门诊部，儿童可以在其中待上很长一段时间而不被贴上生理或精神病患者的标签。这给心身医学实践提供了唯一一种很好的背景。

儿科学和儿童精神病学

儿科学和儿童精神病学间关系的发展可以用下面的术语来呈现。儿科医生期望能够完全占领对躯体疾病的研究，他通过研究生理科学来武装自己。儿科学也将自己引向那些向往生理科学的人。在儿科学之外，最终出现了一种对健康身体的研究。儿科学通过参与到探索成长的问题而做出了特定的贡献。逐渐地，躯体研究引导儿科医生理解婴儿在完全躯体依赖时期的身体需要。

在儿科学中有一种趋势是将实验室成果应用于临床实践。病房几乎成了实验室。门诊部也倾向于符合病房的条件。

然而，对健康儿童的研究让儿科医生越来越多地参与进来，这与儿童的自然过程相近，而远离了实验室受控制的条件。临床医生若不能自然地理解孩子，将孩子视为一个人而给予同情的话，他是无法开展工作的。他必然会参与到儿童在成长过程中对环境的运用当中，也会遇到所有关于养育的问题。因此，作为临床医生的儿科医生将方向转移至精神病学，并发现自己处于儿童养育中建议者的位置，尽管事实上他并不是特别擅长这一角色。

第二次世界大战结束后，躯体取向的英国儿科学取得了大量躯体方面的成果，并且获得了声誉。这些成就已经使躯体疾病的数量减少，而且随着儿科学在全国的推广，我们可以预言躯体疾病会进一步地稳定减少。

现在，在婴儿和不同年龄阶段儿童的正常情感发育上，我们已经做了非常多的工作，对心理病理也做了很多研究。另外，精神分析师和儿童分析师的训练也已经得到有效的组织。很多年前，正是弗洛伊德在对成人神经症性障碍的治疗中显示出分析师总是不断触碰到成人心中的儿童或婴儿状态。这其中的意义在于，我们最终将有可能在儿童照料这个领域中直接对儿童甚至是婴儿进行预防性工作。正如我们已经证实的，我们有可能在儿童仍然处于儿童阶段以及依赖状态的时候治疗儿童精神病。现在儿科学有一种变得越来越强的趋势，即既关注躯体发育，也关注情感发育，随之也关注人类人格的发育，以及儿童与家庭和社会环境之间关系的发展。

精神分析与儿童

精神分析师关于儿童的观点也在发展。可以用下面的方式来描述这些发展。实践中的精神分析师治疗各种各样的成年患者，包括那些正常人、神经症患者、反社会的患者以及边缘性精神病患者。在所有病例中，精神分析师在关心患者现在每日面临的问题的同时，主要工作仍然是对患者的童年，甚至是婴儿期进行研究。因此，在他的经验中，下一步是去治疗青少年，治疗儿童、幼儿，并逐渐参与到真正的儿童的情感生活中，而不是成人内心中的儿童。他进行儿童分析，参加对儿童精神病案例的管理，与父母讨论婴儿养育问题。在做心理治疗时，精神分析师处在一个强有力的位置上来研究整体的儿童。由情感障碍而引起的躯体健康问题因此自然地进入分析师的研究领域，继发于躯体疾病的情感障碍也是这样。然而，治疗躯体疾病仍然需要 20 世纪躯体取向的儿科医生所提供的知识。

需要提醒精神分析师的是，理所当然，生理健康是以生理儿科学中预防疾病领域的进展以及产科学领域的进展为基础的，这些学科的发展使最近几十年中的婴儿死亡率大幅降低，使儿童出生相对安全。

但是谁来关注儿童的整体？

儿童患者

精神科问题的相关方面

现在让我们来考虑一个问题，这是任何一个在治疗中与儿童一同工作的人都会遇到的。有三类现象相互关联，但是为了描述方便，我们将其分开描述。(假设在以下描述中，已经具备生理健康。)

(i) 生命中正常的困难

正常或健康是一种成熟，而不是没有症状。例如，4 岁的正常儿童体验了非常严重的焦虑，这可能仅仅是因为人际关系的冲突，这种冲突本就固存在生活与生存以及对本能的管理当中。说起来这可能是矛盾的，但在某个年龄段——例如 4 岁——一个正常的儿童可能会表现出几乎所有方面的症状（严重焦虑、愤怒、恐惧、强迫、相关躯体功能障碍、装腔作势、情感领域的冲突等)。然而另一方面，一个几乎没有症状的儿童可能病得很严重。一个经验丰富的精神病学家可以很自然地看透这种假象，但从未受过训练的观察者的角度来看（这很可能会包含躯体取向的儿科医生)，有病的儿童可能看上去更加正常。

(ii) 童年期表现出来的神经症 (或精神病)

从婴儿期到成年期的各个年龄段都可以发现精神疾病。防御机制为了对抗无法忍受的焦虑而产生了一种症状，这是可以被识别、诊断，并常常是可以得到治疗的。在某些案例中环境是足够正常的，而在其他案例中外部因素也会是重要的病因之一。

（iii）潜伏的神经症或精神病

另外，精神病学家学会了看到儿童潜在的疾病，这类疾病可能以后会在压力下表现出来，如创伤的压力、青春期的压力或者成年与独立的压力。对儿童精神病学家而言，第三个任务非常困难，但并非不可能完成。我们可以将有序的假性自体这个相当常见的现象作为一个例子。假性自体可以很好地满足家庭模式，可能与有疾病的母亲很好地相处，而且假性自体很容易被误认为是健康状态。然而，它也具有不稳定性，而且容易崩溃。

儿童精神障碍的这三个方面尽管相互关联，但在人类情感发育的任何理论中它们都是独特的。

情感成熟是一种健康

精神病学家关心发育，尤其是个体的情感发育。在精神病学中，病态的健康几乎是不成熟的同义词。从精神分析师的观点来看，治疗的目标是促使达到成熟，甚至是在一个比较晚的阶段。因此，儿童精神病学的教学是基于对儿童发育的说明。学院派（理论）心理学是对情感发育的总体研究中的一个重要附属物。情感发育开始于非常早的时期，大约在出生时，之后逐渐发育成为成熟的成人。成熟的成人能够与环境认同，能够参与到环境的建设、保持和改变当中，能够进行这种认同而不需要牺牲很多个人的冲动。

什么领先于成人期成熟？这一问题的答案涵盖了儿童精神病学的全部内容。下面我尝试简短地陈述儿童心理学的观点，所选用的方法是从成年期开始倒叙到婴儿早期。

成年期成熟

世界公民（world citizenship）代表了个体发展中巨大而罕见的成就，个人的健康和摆脱抑郁心境几乎无法与之相比。除了某些个别的例子，成熟的成人可以在自己是一个大群体中某个小群体成员这一身份的基础上享受健康，群体的规模越有限，就越不适于以这样的成熟来形容。因此，我们可以看到那些达到了健康却只能在小群体中的个体，以及那些挣扎着要进入更大的群体却遭受着病态折磨的个体。

青春期

青春期和其他任何事物一样，其特征是社会对青少年并没有太高的期望，即社会并不期望他们达到完全的社会化。事实上，对于青少年，我们提供自我限制性的团体，并且希望他们能够利用这种团体在规模和范围上逐渐出现的扩展，而这要求忠诚。青少年表现出一种违抗性的独立和依赖共存的混合状态。这两种状态相互转化，甚至共同存在。以这种方式，青少年显现出一种矛盾。我们看到每一个极端都理所当然地需要成人的控制，因此，我们为青少年设计的团体在某种程度上必须有成人的支持。

潜伏期

五六岁的儿童进入到了一个心理学上称为潜伏期的阶段，在这个阶段，本能生活背后隐藏的生物学驱力得到了调整。正是在这个阶段，教师完成了他们的主要工作，因为在健康的情况下，这个阶段的儿童相对来讲还没有进入到情感**成长**和本能**改变**当中。

潜伏期具有某些特定的特征：男孩们有英雄崇拜的趋势，倾向于拉帮结派，在某些需求的基础上与其他人形成联系；个人的友谊确实是存在的，但也可能与不断改变的群体忠诚相冲突。女孩们也有相似的特征，尤其是女孩也有与男孩相似的兴趣时，而在此阶段确实有可能会有这样的兴趣。作为女孩，她们具备一些能力来模仿母亲，在房屋里、在管理其他孩子的时候以及在购物的神秘感受中。

第一次成熟

在潜伏期之前的一个阶段，健康的儿童已经完全有能力做成人的梦或者游戏，有合适的本能以及由此产生的焦虑和冲突。这种能力只有在相对稳定的家庭环境中才能获得。在这一阶段，从 2 ~ 5 岁，包含了大量的生活事件。以成人的标准来看，这一阶段被压缩到了一段很短的时间里，但令人怀疑的是，生命中的其他部分是否会与这三年一样漫长，在这三年中儿童会成为一个完整的人，居住在人类整体中，爱着并恨着，做着梦并玩耍着。

在这一阶段，我们会期待儿童呈现出任何可能的症状，即某些特征，如果这些特征持续存在或者被夸大，就会被称为症状。这一阶段的关键是焦虑，这也是神经症起源的时间点，而且这里的焦虑是一种非常严重的经历，这一类经历在临床上表现为做噩梦。焦虑与冲突有关，主要存在于潜意识当中，是爱与恨之间的冲突。症状包括要么焦虑泛滥，要么为了抵御无法忍受的焦虑而开始变得有序。神经症恰恰是这个阶段的儿童为了抵抗焦虑而从本能中产生的一种有序的刻板反应。不管神经症在哪个年龄显现，其本质均如此。

这一阶段存在非常复杂的心理学过程，现在我们已经理解了其中的很多内容，这些理解在弗洛伊德开始对幼儿的事件进行科学观察之前是完全不可能做到的，而这一项工作，弗洛伊德主要是在对成人的治疗中完成的。正是在这里，弗洛伊德坚持了婴儿的性本能，这意味着本能生活正是此年龄段儿童的核心，这个观点最初让精神分析不太流行，尽管现在我们可以说弗洛伊德提出的那些主要理论已被大众接受。现在的困难是，如何理解正在发挥作用的大量驱力，这既是这一阶段的症状学基础，也是情感健康的基础，它们可以在儿童 5 岁的时候获得并进入潜伏期当中。

婴儿期

在这个阶段之前，反射活动就已经产生，儿童在本质上已经进入到了三角关系之中。曾有一个阶段儿童只和母亲发生联系，与另一个完整的人合并在一起作为一个完整的人类。在这个更早的阶段和儿童进入三角关系的阶段之间有一条分界线，这多少有些人为的意思；但前者是一个重要的阶段，且属于这一阶段的焦虑有不同的顺序。这些焦虑与矛盾有关，即爱与恨都直接指向同一个客体。与这一阶段有关的精神病学状态更多地与情感障碍、抑郁和偏执妄想的本质有关，与神经症的关系不大。

最早的婴儿期

这是更早一点的阶段，此时儿童处于一种高度依赖状态，正在完成某些至关重要的初级任务，比如将人格整合成一个统一体，使心灵（psyche）参与到身体当中，以及开始与外部现实接触。婴儿的依赖状态也正是这样，即若没有足够好的母性养育，这些早期任务是不可能完成的。来自这一早期阶段的疾病本质上是精神病，即被描述为精神分裂症的障碍。

现代，对这个领域的研究非常积极。许多情况目前仍不清晰且在讨论中，但就我们所了解的知识，已经非常明显的是，心理的健康状态从一开始就已经被确定下来了。在这一阶段中，婴儿的高度依赖取决于母亲或母亲替代者适应婴儿需要的能力，母亲只有通过自己的献身精神来与婴儿认同才能完成这一功绩。

结　论

在这种倒叙儿童心理发展的过程中，我们从个体有能力参与到创造、维护和改造环境的状态回溯到最早期儿童的完全依赖状态。在从后向前的发展过程中，婴儿完成了非常复杂的个体发育，且除去其复杂性，我们现在已经能够描绘出发育的轮廓，甚至在某种程度上还能准确地进行描述。

儿童精神病学领域涵盖了对整个儿童状态的研究，包括儿童的过去和儿童心灵健康的潜力，以及成人人格的丰富性。儿童精神病学家留意到这样一个事实：在个体儿童的情感发育中也包含了儿童关于家庭功能以及建立和维持各类社会群体的社会潜能。

〔1958〕

13

精神分析对产科的影响

应该记住的是，以生理现象的科学知识为基础的技能使患者相信助产士具有患者所需要的技术。如果没有以生理为基础的技能，助产士研究心理学将会是徒劳的，因为她不可能用心理学的知识去解决婴儿出生过程中出现胎盘前置时应该如何处理的问题。然而，以这些必要的知识和技能为基础，当助产士也能够把患者当作“人”去理解时，毫无疑问她的价值将得到极大的提升。

精神分析的位置

精神分析是怎样进入产科学领域的？首先，是通过对个体患者长期和艰难的治疗进行详细的研究。精神分析开始将目光投向各类障碍，例如月经过多、习惯性流产、孕妇晨吐、初级宫缩无力；而且作为其他许多生理状态的起因之一，有时正是患者潜意识情感生活中的冲突导致了生理上的异常。关于这些心身障碍已有很多论述。不过这里我所关注的是精神分析贡献的另一方面：我将用一般术语，试着以婴儿出生时的情景来说明精神分析理论对医生、护士和患者之间关系的影响。

精神分析比起20年前已经有了很大的发展，这表现在助产士对精神分析的态度中。现在，助产士想在自己已有的重要技能之上增加一些对患者的评估，即将患者视为一个人——这个人已经出生，曾经是一个婴儿，在父母身边玩耍，因青春期到来而受到惊吓，将青春期产生的强烈欲望付诸实践，恋爱并结婚（可能的话），以及通过计划或因为意外而有了孩子。

如果患者在住院，她会考虑她将要回去的家，而不管怎样，婴儿的出生都会给她自己的生活、她与丈夫的关系、她和丈夫的父母带来改变。通常我们也可以预见到她与自己其他孩子的关系以及孩子们之间的感受也会更加复杂。

如果我们在工作中都从人的角度出发，那么工作会变得有趣和有价值得多。在这种情境中，我们需要关注四类人，我们也有四种观点。首先是这个**女人**，她正处于一种特殊的状态，就像生病了一样，尽管这是很正常的状态。其次在某种程度上，**父亲**也处于一个相似的状态，如果他被忽视的话，那么结果将会是巨大的耗竭。而出生的**婴儿**已经是一个人，而且从婴儿的立场来看，好的照料和坏的照料的结果是完全不同的。接下来是**助产士**，她不仅仅是一位技术人员，她也是一个人；她有感觉和情绪，会激动和失望；也许她也愿意成为这个母亲、孩子或丈夫，或轮流扮演一次这些角色。通常她是高兴的，但有时候作为一个助产士她也会有挫折感。

至关重要的自然过程

有一个普遍的观点一直贯穿在我的陈述当中，即：有一些自然过程，它们是所发生的事情的基础；而且只有当我们尊重并促进这些自然过程时，作为医生和护士的我们才能做好工作。

在助产士这种职业出现之前，母亲生孩子的现象已经存在了数千年，而助产士最初进入这个过程主要是应对迷信。破除迷信的现代方式是采用一种科学的态度，以客观观察为基础。现代训练以科学为基础，训练助产士来防止迷信活动。那父亲们呢？父亲在医生和助产士接管一些工作之前有明确的功能：他们不仅亲身体会到妻子的感受，而且帮助妻子全身心地投入到她身体里或臂弯中的孩子身上。

对婴儿态度的改变

人们对婴儿的态度有一个进化的过程。我想，在所有年代中，父母们都把婴儿看做一个人，认为婴儿远比外表看到的要丰富得多，是一个小男人或小女人。科学最初拒绝承认这一点，认为婴儿绝不是一个小成人，而且在很长一段时间里，客观观察者认为婴儿并不是一个人，直到他们开始说话为止。然而，最近的研究已经发现，婴儿的确是完整的人，尽管他们还处于婴儿阶段。精神分析已经逐渐了解，即使是出生过程也没有被婴儿遗忘。对婴儿来讲，出生过程也分正常和不正常的情况。很可能出生的每个细节（正如婴儿感受到的）已经记在婴儿的心中，并且通常在游戏中以一种快乐的方式表达。这些游戏象征着婴儿经历过的各种现象——翻身、摔倒、各种变化感，如从胎儿时的液体环境到干燥的环境，从处于一种温度到被迫适应另一种温度，从靠脐带吸收营养到通过个人努力从空气和食物中获取营养。

健康的母亲

助产士遇到的问题之一是，由于诊断方面的问题而使她对产妇的态度有所不同（这里我不是指对身体状态的诊断，这必须留给护士和医生去处理；同时我也不是指身体疾病，我关注的是精神状态的健康和不健康）。让我们从正常的状态开始。

健康的产妇不是病人，她是一个完全健康和成熟的人，自己完全能对主要事务做决定，可能比照顾她的助产士还要成熟。她因为分娩而碰巧处于一个依赖的状态。她临时将自己交到助产士手中，而且能够以健康和成熟的方式来应对分娩时的状况。在这种情况下，护士应该尽可能地尊重母亲的独立性。如果分娩过程比较容易且正常的话，这种尊重甚至要延续到整个分娩过程中。同样，助产士也要接纳产妇是完全依赖她的，因为一些母亲只有将全部控制权都交给帮助者才能完成分娩过程。

母亲、医生和护士的关系

因为健康的母亲是成熟的成年人，她不能将控制权交给一个不认识的护士或医生，我建议，让产妇先认识医务工作者是迎接分娩时刻前重要的准备工作。要么她信任他们，即使他们犯了错误，也会原谅他们；要么不信任他们，在那种情况下她的全部经历对她而言都将是一种伤害，她害怕把自己交出去，试图掌控自己的状况，而实际上她是害怕自己的处境，并且不管是不是医务工作者的错，只要是哪里不对劲，她都会责备他们。因此，如果医务工作者没能让产妇了解自己，事实就会如此。

我认为首先最重要的事情是让母亲、医生和护士相互认识，如果可能的话，在整个怀孕阶段都保持接触。如果不能做到这一点，那么最好至少在预产期之前与准备参与实际分娩过程的那个人保持固定的联系。

尽管一家医院有国内最好的、最现代化的以及装备精良的产科门诊，但如果这家医院不能让产妇在分娩时提前知道谁会是她的医生或护士，这是不好的。正是这类事情让母亲们决定在家中分娩，由家庭医生来负责，只有出现严重的紧急状况时才考虑医院。我个人认为，我们应该支持母亲们要在家中分娩的想法，而且如果人类总是试图提供最理想的生理护理，那么人类将可能会进入这样一个时代，即家里分娩已不再可行，这将是一件不好的事情。

应当由一位母亲们信任的人向她们全面地解释新生儿出生的整个过程，需要较长的时间消除产妇心中的恐惧和不正确的信息。健康的女性最需要这样的解释，因为这样她们可以很好地运用这些知识。

如果是一位健康、成熟的妇女，与丈夫和家庭的关系和谐，在她分娩的时候，仍然需要护士的复杂技能，这是不是错误的呢？她需要护士在场，需要护士帮助她在正确的时候用正确的方法，以免做错事情。但产妇仍然了解了这些自然的能力和分娩的过程，就像自动吞咽、消化和排泄过程一样，而且越是能够自然地接触这些知识和技能，对产妇和孩子而言就越好。

我的一个患者，她有两个孩子，似乎现在她的治疗逐渐发展到一个非常困难的阶段，在这个阶段中她不得不重新开始——为了让自己从难相处的母亲对她早期发育的影响中解脱出来——她写道："……即使一个女人达到完全的情感成熟状态，整个分娩和新生儿出生的过程还是破坏了很多控制感，产妇这个时候想得到照料者的全部关注、鼓励和亲密关怀，就像一个孩子需要妈妈帮助自己度过发育中的（每）一个新的重大难关一样。"

然而，关于分娩的自然过程，有一件事不能忘记，那就是人类婴儿有一个格外大的脑袋。

不健康的母亲

相对于那些由助产士照料的健康、成熟的女性而言，也有一些并不健康的女性，即可能她们的情感不够成熟，或者尚未适应女性在这一自然喜剧中的角色，或者也可能会抑郁、焦虑、怀疑或混乱。在这些病例中，护士必须有能力辨别，这也是护士需要在患者怀孕晚期出现特殊不适之前先了解患者的另一个原因。助产士需要特别的训练来鉴别精神病患者，以便她能够自然地对待那些健康的产妇。当然不成熟的或不健康的母亲在某些方面也需要负责她病情的人的特殊照料：如果说正常的母亲需要指导，那么有精神疾患的母亲则需要恢复信心；患病的母亲会考验护士的耐心，让自己成为一个主动挑衅的人，但当她变得躁狂时可能还是需要管制的。这其实是一种常识，即用适当的行为或者故意的不作为去满足其需要。

如果面对的是健康的母亲和父亲，在这种常见的案例中，助产士是一个雇员，她有能力给雇主提供帮助而获得满足感。但是在面对那些有某方面心理疾病的母亲时，这些母亲不是一个完整的成人，助产士就成为一个与医生一起照顾患者的护士——她的雇主是机构或医院服务部门。如果这种对疾病的适应淹没了那个能适应生命却不能适应疾病的自然程序，这是极其糟糕的。

当然这只是两种极端情况，其实许多患者是处于这两种情况之间的。我要强调的是，即使观察到许多母亲是歇斯底里的、烦躁的或具有自毁性的，助产士也不应该不尊重健康，或不正确地对待情感成熟；助产士也不应该认为所有的患者都是幼稚的，而事实上大多数人是有完全能力的，除了那些她们必须留给护士做的事情。最好的就是健康的；健康的女人成为母亲、妻子（及助产士）会给日常生活增添阳光，这种日常生活是成功的，但这仅是因为它没有遇到灾祸。

管理新生儿母亲

现在让我们考虑如何照顾婴儿出生以后的母亲，她已经与新生儿建立了最初的关系。当我们给母亲机会来自由地表达和回忆时，我们常常得到下面的评论，这是怎么回事呢？（这里引用的事例是我的一位同事提供的，但之后我自己也一次又一次地听到同样的话。）

> “他正常出生，而且他的父母想要这个孩子。在出生后他马上就可以很好地吮吸，但是他 36 个小时都没有真正地接触到母亲的乳头。接下来他变得很难相处并昏昏欲睡，而且之后两周的哺乳情况是最让人不满意的。母亲感到护士们缺乏同情心，她们不让她和自己的孩子有足够的时间相处。她说她们逼着他张嘴含住乳头，捏着他的下巴让他吮吸，而且夹着他的鼻子让他离开乳头。当她带着他回家后，她感到自己毫不费劲地建立起了正常的哺乳过程。”

我不知道护士们是否知道这个母亲在抱怨什么。也许她们从来没有处在这个位置来听听她们的评论，当然了，母亲们不可能去抱怨那个她们确实非常感谢的助产士。而且，我也不相信母亲们告诉我的就是一个非常确切的画面。我必须准备好去找出其中的幻想，而且也确实应该如此，因为我们不仅仅是一些事实的堆砌品；我们从经验中感受到的，以及我们的经验与梦境相互交织的方式都是生命的组成部分，是个体的经验。

敏感的产后状态

在专业的精神分析工作中，我们发现，刚生了孩子的母亲处于一种非常敏感的状态，而且在产后一两周内她往往认为身边的另一个女人是一个施虐者。我相信这是一种反应性趋向，我们必须考虑到这个时期助产士很容易走向主导者位置。当然，这常常发生在一位母亲感到被虐待，同时产褥护士的行为似乎是由恐惧驱动而不是由爱激发时。

在家中，这些事件的复杂状态常常是通过母亲将护士打发走而得以解决，但是这对于所有相关者而言都是一个痛苦的过程。比那更糟的情况是护士赢了，即母亲退回到一种无助的顺从状态，而母婴之间的关系依然无法自然建立起来。

我找不到词语来表达，在这个关键时刻，护理工作的巨大力量是什么，但是我能试着解释一下接下来发生的事情。奇怪的事情发生了：这位母亲可能感觉筋疲力尽，可能无法自理，必须依赖护士和医生通过各种方式从专业角度来关注她，同时她也是那个能够用一种孩子明白的方式将这个世界适当地介绍给孩子的人。她知道怎么做，不是通过任何训练，也不是因为她聪明，只是因为母亲的天性。但是，如果她害怕，或者如果她在孩子出生时没见到孩子，或者只在权威们认定的适合喂养的规定时间里孩子才被带到她身边的话，母亲的自然本能就无法逐步发展起来。事情不是那样运转的。母亲的奶不像排泄那样；那是一种对刺激的反应，而且这刺激是看、闻和感受她的孩子，同时孩子的哭声意味着需要。所有这些就是一个事实，即母亲对孩子的关心以及建立起的定期哺乳机制仿佛是两个人之间的一种沟通方式——是一首无字的歌。

两种对立的特性

那么，一方面我们有一个高度依赖的母亲，而在同一个人身上，在这一细致的过程中，她也是一位专家，开始用乳房哺乳，并处于照顾婴儿的这样一种喧闹、纷扰的情境中。对一些护士来讲，她们很难接受母亲身上的这两种对立的特质，结果她们就试图影响喂养关系，就像她们给直肠负载过重的患者通便一样。她们在尝试不可能的事情。很多的进食抑制就是以这种方式开始的；或者即使最终建立了用奶瓶喂养的方式，也给婴儿带来了一种分离，这在婴幼儿保健的整个过程中是以不合适的方式加进来的。在我的工作中，我不断尝试扭转这类错误，在某些病例中，这类错误的确是由于护士没有注意，并且在婴儿出生数日起就已经开始了，尽管护士在工作方面是一个专家，但是她的工作并不包括让一个婴儿与母亲的乳房互相建立起联系。

此外，正如我说过的，助产士感到自己很难仅站在旁边看着婴儿在乳头上浪费时间。她感觉需要把乳头挤进婴儿的嘴巴，或者把婴儿的嘴打开以吸住乳头，而孩子的反应则是退缩。

另一个非常普遍的现象是，母亲或多或少地感觉到她是从自己的母亲那里偷到了自己的孩子。这起源于她和母亲、父亲一起玩的时候，起源于她还是小女孩的阶段。在那个属于她的时代，在她的梦想中父亲是她的**偶像**。因此，她可能很容易就感到，而且在一些病例中她一定会感到，这个护士就是那个对自己怀有恨意的妈妈，她的到来是要夺走自己的孩子。在这方面护士什么都不必做，但是如果她避免把婴儿带离的话——这种带离剥夺了母亲与婴儿的自然接触，而且在喂奶时间只是把用包被裹起来的婴儿交给母亲，这将十分有帮助。后一步不是现代技术，但是直到最近仍然是十分普遍的做法。

那些梦、幻想和游戏都藏在这些问题的后面而进一步地保留着，只有当护士用上面这样的方式去做时，母亲才有机会恢复她的现实感，这种现实感在几天或几周内会自然获得。只是在很偶尔的情况下，护士必须预料到，即使自己不是施虐狂，即使自己非常理解和容忍，仍会被新生儿的母亲想象成一个施虐者。

另外，如果这位母亲自身有些不成熟，或者在她自己的早期成长中是个被剥夺了需要的儿童，她会发现自己很难放弃护士的照料，很难独自以合适的方式照顾孩子，因为那是她也需要的被对待的方式。这样，当母亲离开护士或者护士离开母亲时，缺乏一位好护士的支持将给下一个阶段带来很多现实的困难。

通过这些方式，我看到，精神分析给产科学、给与人类建立关系的所有工作都带来了一种提升，那就是尊重个体之间的相互感受和个人权利。社会需要医疗和护理方面的专业人员，但是需要关注的不是机器而是人，技术人员需要去研究人们生活的方式、想象的方式以及在经验中成长的方式。

〔1957〕

14

给父母的建议

这一章的标题可能有很大的误导性。在我的整个职业生涯中，我一直在刻意避免给建议，而且如果我这里的目的实现了，那么结果应当不是让其他的工作者知道如何更好地给父母提出建议，而是让他们感到不再那么倾向于现在便给出建议。

然而，我不希望将这种态度无限夸大。如果医生被问道："我的孩子被诊断为风湿热，我该怎么办？"他将建议父母把孩子放到床上，躺在那里，直到医生感到心脏病的危险解除了。或者护士发现儿童的头发中有虱子，她将给予指导，进行有效的灭虫。换句话说，在有身体疾病的情况下，医生和护士由于受过特殊训练，所以他们有时知道答案，而如果他们没有依此来处理，那便是失职。

但是尽管如此，许多没有生理疾病的儿童仍然会来寻求我们的护理。例如，在分娩的案例中，工作不是为了治愈，因为母亲和孩子通常是健康的。健康比疾病要难应对得多。有趣的是，当医生和护士面对与疾病或畸形无关的问题时，他们可能会感到迷惑；相对于他们在病态或具体疾病方面接受过的训练，他们在健康方面没有受过任何训练。

关于“给建议”这一主题，我的观察可以分成三类：

1. 对疾病的治疗和关于生活的建议之间的差异；
2. 其需要是包容问题而不是提供解决方法；
3. 专业访谈。

对疾病的治疗和生活的建议

当今，随着医生和护士越来越关注心理学，或者说关注生活的情感和感受，他们需要明白一件事，即他们不是心理学专家。换言之，一旦他们身处于躯体疾病和生命过程这两个领域的交界之处，他们就必须对父母采取一种完全不同的技术。让我来保留原汁原味地举一个例子：

> 一个孩子因为脖子上的腺体出了状况而来看儿科医生。医生做出了诊断，告知母亲，并列出了治疗方案。母亲和孩子喜欢这位儿科医生，因为他既亲切又有同情心，也因为他检查身体时对孩子很好。这位医生之后给母亲一点时间来谈她自己和她的家庭。母亲强调，这个男孩在学校中真的很不开心，可能受欺负，她在想是不是给孩子换所学校。所有一切到此刻都很好，但是现在，这位医生已经习惯在他自己的领域中给出建议，也会习惯性地对母亲说："是的，我想换所学校是好的。"

在这点上这位医生已经越过了他的领域，但他还是表明了自己权威性的态度。这位母亲并不知道，他之所以建议换学校只是因为他最近给自己的一个在学校受欺负的孩子换了学校，所以这个想法在他脑海中还很新鲜。而另一类个人经验也可能让他给出不换学校的建议。事实上，医生所处的位置并不是给予建议的位置。当他听这位母亲的故事时，他发挥了一种有用的功能，但自己并没有意识到，随后他以一种无反应的方式表现并给出建议，而这完全没必要，因为他没有被问到。

在医疗和护理实践中，这类事情随时在发生；但只要医生和护士能明白他们没有必要为来访者解决生活的问题，这些来访者常常可能比给予建议的医生和护士更成熟，则这类事情就可以停下来。

下面的事例描述了一种可供选择的方法：

> 一对年轻的父母带着他们 8 个月大的次子来看医生。这个孩子“无法断奶”。他没有躯体疾病。在 1 小时的问诊中，医生发现母亲的母亲曾经把她送去看医生。实际上外祖母以往在给母亲断奶时也碰到过同样的困难。家庭环境中有一种抑郁情绪，这在外祖母和母亲身上都有。当所有这些都浮现时，这位母亲非常惊讶，痛哭流涕。

这个问题的解决是由于母亲意识到问题与自己和母亲的关系有关——之后她就能够处理断奶的实际问题，这需要她能够像爱孩子一样对孩子不心软。给建议不会太有帮助，因为问题涉及情感的再适应。

相反，下面这件事是关于我治疗过的一个 10 岁的女孩：

> 她的问题是，尽管只是一个孩子，她已经给父母带来了很多麻烦，虽然她也很喜爱他们。仔细回顾病史发现，困难开始于孩子 8 个月断奶时。她断奶非常顺利，但是在离开乳房之后，她却无法喜欢其他食物。3 岁时，她被带去看医生，不幸的是医生没有看出这个孩子需要个别帮助。她已经焦躁不安，不能坚持游戏，任何时候都是一个讨厌鬼。该医生却说："妈妈，高兴一点，她马上就 4 岁了！"

在另一个案例中，父母去咨询一位儿科医生，当时他们正在经历断奶的困难期：

> 医生检查后发现一切正常，并立即将这一点告诉这对父母。但是他又前进了一步，他告诉这位母亲要立即完成断奶过程，她这样做了。

这个建议既不好也不坏，它仅仅是不合适。它刚好切断了母亲关于给孩子断奶的潜意识冲突，因为这个孩子可能是她唯一的孩子（她已经 38 岁了）。当然，她采纳了专家的建议；她还能怎么做呢？——但是他不应该给这个建议。医生应该保持在自己的工作范围内，应当将对断奶困难的理解移交给某个人，这个人应该是能延伸到婴儿的生活和人际关系等更广泛问题当中的人。

很不幸，这类事情并不罕见；这在日常医疗实践中很常见。我举另一个例子，非常长的例子：

> 我接到一位女士的电话，她说自己正在一家儿童医院里，但是她想换种方式谈谈她的孩子。我们约好后，她带着孩子来了，孩子大约 7 个月大。这位年轻的母亲坐在椅子上，孩子在她的大腿上，于是我能够很容易地来观察这么大的孩子。我的意思是，我能和妈妈谈话，同时也能不用她的帮助或干涉来处理孩子。很快我就看出她是一个非常正常的人，能够感受到孩子很自在。孩子在她膝盖上没有上下乱动，也没有捣乱。
>
> 孩子的出生很顺利。孩子生来好睡觉，很难让她保持清醒，事实上她总是不醒。母亲描述了在产科病房时如何尝试让孩子吃奶。她想用乳房喂奶，同时她也感到自己能够这么做。但她只是 1 周用瓶子提供一次母乳，她的姐姐被安排给孩子喂奶，试着不停地把奶嘴塞进婴儿的嘴里并取出，轻轻搔着孩子的脚趾，上下摇动孩子。所有这些程序都没有效果，但这一方式继续被坚持着，甚至在很久以后，母亲发现，不管当时孩子正在活泼地做什么事情，只要到了喂奶时间，就会入睡。在那个周末，他们开始尝试一种新的乳房喂奶方式，但是这位母亲不被允许用自己的直觉去理解婴儿的需要。这对她而言是非常痛苦的。她感到没有一个人真正想促成这件事。她不得不站在旁边，什么也不能做，而她的姐

姐做了所有她自己能做的事情，给婴儿喂奶。这位姐姐非常友善和能干，她一遍遍托着婴儿的头，将其推离开乳房。这只造成了婴儿更深的睡眠，过了一小会儿，乳房哺乳被迫放弃，而且接下来这种扭曲的尝试致使婴儿的情况显著恶化。

事情在两周半时突然有了进展。在 1 个月时婴儿的体重是 2.89 千克（出生时是 3.00 千克），母亲被告知要用汤匙喂孩子。

母亲发现她可以很好地喂养自己的孩子，尽管这个时候乳房已不能发挥功能。有段时间她每一个半小时喂一次孩子，之后她变换了方式，准备给孩子进行混合喂养。但是这时，一家儿童医院开始关注这个孩子，因为孩子具有某种生理缺陷，医院门诊部给出了建议。医院的建议是基于这样一种假设：这位母亲肯定已经受够了，但实际上她正享受着喂孩子的乐趣，而且根本不介意这是一项困难的艺术。她不得不反抗医生给出的建议。（在此她的评价是：下次我绝对不带孩子去医院了！）医院不顾该母亲的反对做了许多检查，但是她自然地感到必须把生理这一部分交给医生来处理。医院发现婴儿的左前臂有一点短，而且有一点腭裂，只能辨认出软组织。

由于孩子身体的不正常状态，这位母亲感到需要带婴儿去儿童医院，但是这意味着她又不得不站在一旁，听医生讲喂养孩子的建议，这种建议往往是建立在她的态度被误解的基础上。她被告知，她应该在孩子 3 个月时再喂固体食物，从而使自己能从长时间喂奶或不停喂奶的麻烦中解脱出来。

这种建议没有用，而且她已经搁置了给孩子喂固体食物的计划。孩子 7 个月时开始想吃固体食物，这是父母吃饭的时候孩子坐在旁边的结果。孩子被允许偶尔尝一小片，于是她逐渐形成了一个观点，即还有另一类食物。此时她已经被喂以牛奶和巧克力布丁，体重达到 6.46 千克。

这位母亲为什么来见我呢？她发现她想坚持自己对孩子的看法。第一，婴儿在这个年龄已经得到了充分的发展。也就是说，孩子一点儿也没有倒退，然而医院却有一种隐晦的提示，认为孩子的发育可能倒退了。第二，她愿意接受孩子前臂畸形的现状，但是不接受那些数不清的检查，特别是拒绝给孩子的手臂上夹板。很明显，相比医生和护士，母亲以一种更敏感的方式体察到了孩子的需要。例如，当医院要求婴儿住院一晚而只是做一次血液检查时，她已经警觉了。她不同意这样，而医院也在婴儿没有住院的情况下在门诊部做了这些检查。

因此，这位母亲面临的问题是，她清楚地意识到她在孩子的生理方面对医院的依赖，而且试图应对一个事实，即生理方面的专家没有把婴儿视为一个人。一方面，当她去保护婴儿以免孩子在生命最开始的几周中被夹板绑住胳膊时，她却被坚决地告知，婴儿这时还不会受到发生在她身上的事情的影响，尽管母亲非常明确地感受到，婴儿实际上正相反，孩子可能成为左撇子，而且夹板肯定在这个非常重要的阶段束缚了她的左手，因为在这个阶段婴儿伸展和抓握就是在创造她自己的世界。

咨询中（咨询师观察到的）关于婴儿的描述（大概7个月大）如下：

当我进入房间时，婴儿用眼睛盯住我。一旦她感到我在与她交流，她就笑了，而且清楚地感到她正与人沟通。我拿了一支没有削的铅笔递到她面前。她仍然盯着我，笑着看我，用右手拿起铅笔，毫不犹豫地把它放进嘴里享用。一会儿过后她用左手帮忙拿着笔，代替右手拿着笔继续吃。口水流下来。所有这些大约持续了5分钟，之后她不小心把铅笔掉在了地上。我把笔捡回来给她，游戏又开始了。又过了几分钟，铅笔又掉了，不太像不小心的结果。她现在不是很关注把笔放到嘴里了，而是有段时间把笔放在两腿之间。她穿着衣服，因为我想不必给她脱衣服。第三次，她故意把铅笔掉在地上，并看着铅笔滚动。第四次，她把笔放在妈妈的乳房附近，把笔丢在妈妈和椅子的扶手之间。

这时我们的咨询接近尾声，持续了半个小时。当铅笔游戏快结束时，婴儿已经玩够了，她开始呜咽，在结束时必然会有几分钟的尴尬，因为婴儿很自然地感到需要离开，而母亲还没有完全准备好离开。这没有困难，后来母亲和孩子在完全的相互关注中离开了房间。

在这一切发生的过程中，我一直和这位母亲交谈，其中只有一次我要求她不要移动孩子来传达给孩子我们正在谈论的话；例如，当我问起孩子的手腕时，她很自然地想把孩子的衣服袖子卷起来。

除了母亲需要得到的那些支持之外，咨询没有达成什么大的目标。关于她确实非常理解自己的孩子这方面，她是需要支持的，对于这一点她之前不得不一直自我辩解，因为生理医生没有能力意识到自己的专业边界在哪里。

一位护士表达了一种更为普遍的批评，她写道：

> 我已经在一家著名的私立妇产科医院工作了很长时间。我看到婴儿床互相挨着，婴儿们聚在一起，整晚被关在一间令人窒息的房间中，没人注意他们的哭声。我见到这些母亲，她们的孩子只在喂奶时被带到她们面前，孩子们全被尿布缠住了脖子，而且他们的手臂动弹不得。护士把孩子的嘴放到母亲的乳房上，试着给孩子喂奶，有时候长达 1 个小时，直到这位母亲都累哭了。许多母亲从没有见过她们自己孩子的脚趾。那些有自己的“特别”护士的母亲们同样面临着很糟糕的待遇。我看到许多护士残忍地对待孩子的事例。而在大多数事例中，医生的命令完全被忽视了。

事实上，在健康的状态中，我们不断地参与到自然过程中，而加快或延迟都是干涉。再者，如果我们自己能适应这些自然过程，我们就能将大多数复杂的机制留给大自然，这时我们只需要坐下来，观察和学习。

自身问题

通过我的叙述，我已经说明了这个主题。我们可以以这种方式开始陈述。那些在生理医学方面受训的医生和护士有自己的特殊技能。问题是，他们是不是应该越过自己的特殊能力而进入心理学领域，也就是说，他们是不是该进入生命和生活这些领域？我的回答是这样的。是的，如果他们能够整合自己，并且包容遇到的每个人、家庭或社会问题的话，那么他们会允许解决方法以其自身的规律出现。这将意味着折磨。这是一件需要忍受担忧的事情，甚至是需要忍受患者的历史、个体内心的冲突、阻碍和挫折、家庭遗弃、经济困难等方面的痛苦的事情，而且不必成为一个心理学学生。一个人交还了他（她）临时持有的东西，那么这个人就已经做了他（她）能够做到的最好、最有帮助的事情了。但是另一方面，如果一个人具有行动、建议、干预以及造成某些改变的性格，只有这样做他（她）才能感觉好的话，那么答案是“不行”，这个人不应该超出他（她）的专业，因为他（她）的专业是关于生理疾病的。

我有一个朋友做婚姻咨询。她没有受过许多训练，只是一个教师，但是她有一种接纳的性格，这种性格使她在咨询时可以接纳抛给她的问题。她不去调查这些事实是否正确以及问题是不是片面的；她仅仅是接受了来到她面前的一切，并承受了所有这些。然后来访者离开并回家时就感到有些不同了，甚至常常发现原来似乎无助的问题现在有了一种解决办法。她的工作比许多接受过特殊训练的人都做得好。实际上她从来不给建议，因为她不知道给什么建议，而且她不是那种爱给建议的人。

换句话说，那些超出了自身专业技能领域的人会发现，如果他们能够立即停止给予建议的话，自己能够发挥更有价值的作用。

专业访谈

心理学实践本质上必须在一个框架内进行。访谈必须以一种合适的设置来安排，而且必须有时间限制。在这种框架内，我们是可信赖的，比我们在日常生活中值得信赖得多。在所有方面值得信赖是我们需要的最重要的品质。这意味着我们不仅尊重来访者这个人，也尊重他（她）确定时间和主题的权利。我们有自己的价值观，所以当我们发现来访者的是非观时我们能够不过于在意。如果我们表达了道德上的判断，这将彻底毁坏专业关系，无法恢复。专业访谈的时间限制是给我们自己用的；明白治疗访谈即将结束，这能帮助我们提前处理自己的怨恨，否则怨恨将以其他方式悄悄渗入并毁掉我们真心关注的那些操作。

以这种方法来实践心理学的人会接受局限性，在有限的时间段承受来访者的痛苦，他们不需要知道太多。但是他们将学习，他们会受教于他们的来访者。我的信念是，他们用这种方法学习得越多，他们将变得越富有，而且他们将越少地倾向于给出建议。

〔1957〕

15

精神疾病患儿的个案工作

个案工作和心理治疗

首先，我要澄清一下在现阶段我们的社会服务培训中对“个案工作”这一词语的使用。个案工作被描述为一个**解决问题**的过程。问题会自己呈现出来，“个案工作”一词被用来描述遭遇此问题时特定机构所具有的整体功能。另一个概念是心理治疗，心理治疗的实施通常都不伴随个案工作，因为儿童常常由感觉到孩子有问题的成人带来，而成人如果可以摆脱禁忌、冲动、情绪不稳等问题，他们可以做自己的个案工作，其能量是来自于潜意识中的情感冲突。

这两个过程——个案工作和心理治疗，常常在实践中并存，而且确实相互依存，但是重要的是，我们要注意到个案工作既不能被用来有效地修补一个失败的治疗，也不能成为心理治疗。

关于个案工作和心理治疗，前者是与社会规定密切相关的；这就是说，个案工作关系到社会的态度，是社会生活和当今一般意义上的社会责任的一部分。另外，个案工作者的工作受到给予他或她专业支持的机构的影响[1]。具体到各个机构，个案工作者完成的工作根据社会规定的不同而不同。这限制了个案工作者的工作，同时也决定了他们所做的大部分工作，以及什么能够增强工作效果。

个案工作者应尽可能多地了解潜意识。但是在个案工作者的工作中并没有尝试通过解释潜意识来改变事件的进展。更多的情况是，工作者帮助来访者将各种现象语言化，这些现象可以看得到，却没有得到充分的理解，例如："你病得很重"，或者"你觉得如果你的房子更大一些，你孩子的攻击性就不会这么容易引起麻烦"，或者"你害怕你的邻居，你想知道这究竟是合理的，还是你自己容易陷入这类恐惧中"等等。相反，心理治疗师的工作主要是解释潜意识；对移情性神经症和患者的一系列个人冲突范例进行解释，这些范例在治疗的专业设置中的某个时刻会是合适的。

我的工作分为四个部分。第一部分是我在儿童医院的医生职位。这部分工作在门诊部开展，为了满足社会的需要，我在帕丁顿·格林儿童医院的诊所已经像精神快餐吧一样臭名昭著了。

第二项工作在帕丁顿·格林儿童医院的心理部实施，我们接受来自精神快餐吧的病例，这里的心理社会工作者能够接待这些患者。我认为我们在这里做的基本上就是个案工作。

我的第三个兴趣是儿童精神分析，以及给从事这项工作的同事进行培训。

[1] See Clare Winnicott，Child Care and Social Work，Chapter Ⅳ（Welwyn：Codicote Press，1964）.

最后一项工作则一直伴随着我在儿童精神病学方面的所有个人实践。个人实践可能是最令人满意的，因为除非我请求帮助，我可以完全做主。我的失败（有很多）确实是我自己的失败，它们注视着我的脸。在我的个人儿童精神病治疗实践中，我认为我是一个个案工作者。

在个人实践中，对经济的需要常常是显而易见的；而在门诊实践中我的标语总是：怎样可以少做点？个案工作可以非常经济，然而它却常常是耗时、费神和让人失望的。

临床案例

我试图从成百上千的案例中选出一组例子，并在这里一一作简短介绍，其中第一个案例是关于鲁珀特的。

> 鲁珀特，一个 15 岁的男孩，非常聪明，却严重抑郁，患有神经性厌食症。他要求做精神分析，而他也已经在进行精神分析了。这是一个最低限度的个案工作，父母把分析师置于案例的中心。分析师的需要获得了父母的支持，这掩盖了分析师与时时卷入此个案的各个儿科医生之间的关系。这里有种潜在的危险：如果这个男孩变得非常严重，他的父母一定会对分析师失去信心，那时父母在男孩的治疗中起到的将各种元素整合起来的作用就会消失[②]。

[②]由同事进行的治疗很成功。

相应地，我也列举我的一次失败的治疗，是关于珍妮的案例：

> 珍妮，一个10岁的女孩，患了结肠炎。多年以来她已经获得了很多关注。一年以来，这个案例一直在我的掌握下，而我那时也做心理治疗。治疗进行得很顺利，因此孩子的父母对我充满了信心，我没有意识到藏在背后的极端复杂性。如果我那时能了解到在这个家庭里真正的患者是孩子的母亲，而这个女孩的疾病在很大程度上是母亲的严重精神障碍的扩展，我会在进行个案工作时也给予一些心理治疗，或者直接用心理治疗代替个案工作。
>
> 正如当时的治疗那样，我对这个孩子的治疗因为她返校后症状有所反复而中断。那时我没想到这个母亲无法让她的孩子恢复得足够好了再返校，虽然我知道当这位母亲正处在她女儿这个年龄时，自己无法去上学。我应该更严肃地来尝试解决这位母亲的问题，而我却因为这位母亲根本没有意识到自己的问题，以及这个女孩的症状在我对她进行心理治疗刚开始的时候就神奇地消失了这些事实而推迟了这件事。这次失败显示，当母亲不是一个整合性的力量时，她就会是案例中非常暴力的失整合力量。我发现越来越多的医生或其他感到自己能够治疗这个儿童的人被家庭雇用，即使同时这个儿童还在继续接受我的治疗。最终我脱离了这个案例。
>
> 这件事的核心是这位母亲，她并没有意识到这一点，但是她分散了责任代理人，这样任何人都无法控制。这个孩子

知道自己没有办法对付母亲的这种趋势，她渐渐地让自己适应了命运，并在绝望的疾病之外获得了非常多的益处。

这是事情悲哀的一面，也说明了当我思考个案工作的问题和患精神疾病的儿童时经常遇到的情况。我发现这个主题的发展让我一次又一次想到**整合**和**失整合**这两个词语。

最初，心理治疗和个案工作看上去似乎是两个过程。但随着我们更近距离地观察，我们发现在心理治疗的过程中总是伴随着一些个案工作的。我们总是需要做一些孩子家长的工作，或者如果家庭在某种程度上令人不满意，我们会提供一些选择。学校可能也必须被告知情况。在某些案例中，治疗师会受到与家长、老师或其他了解孩子的人讨论的影响。词语“个案工作”应用于我们在管理案例的过程中所做的事情并不严谨。

人们开始想知道，究竟是什么原因让个案工作有时如此重要。我们可以转向另一个极端，环境已经崩溃的个案。当然此时，对管理的需要变得很明显。然而，我认为，直到我们发现在案例中出现了失整合的力量，而且这些力量是我们在某些整合过程中必须要应对的，我们不会想到个案工作。在这种情况下，“个案工作”这一词语有了新的意义。所做的工作可能是相同的，但是现在个案工作与那些在动力上与之相反的事情开始有关联，这些事情正是我试图通过珍妮的案例来说明的。珍妮的母亲虽然一直没有意识到，却有能力阻碍她的女儿获得最好的治疗效果。破坏性因素进入并维持了个案工作的动力。

这种失整合元素在下面的案例中可以得到进一步的观察。

杰里米是一个健康、强壮的8岁男孩，但是如果他不揪着妈妈的耳朵就无法入睡。他的家庭是一个很好的家庭。父母投入了所有精力让家庭朝着好的方向前进，他们将孩子的这一问题交给我们来解决。

我将这个案例的管理完全交给了精神病社会工作者，而事实上，我发现这就是我使用这些人的方式；我倾向于临时把案例交给他们，给他们充分的专业支持，不要求他们记录案例，只是希望他们时不时地向我报告情况，让我知道这个案例是停滞了，还是结束了。

在这个案例中，社会工作者能够处理母亲不理解自己在导致和维持孩子症状中所起的作用这一问题。这个案例实际上是一个健康的男孩陷入了对母亲抑郁的恐惧中。他仅仅是个孩子，他发现自己不可能摆脱母亲对他的需要。现在，这个男孩已经能够上学了，他很喜欢上学，除了担心他的妈妈会想他。他的母亲正在处理她的这一巨大丧失。我想她开始再次转向丈夫，这是在孩子出生后她一直没有做过的。就这样这个问题自己解决了。

这个个案工作是通过精神病社会工作者来理解这一问题，她与孩子的母亲讨论这个问题，以及在案例持续的这段时间里保持其兴趣。父母想要解决这一问题，而且他们对我、社会工作者和诊所有信心。我想强调的是，在这个案例中我们是和父母一起进行工作的。如果我们失去了他们的信任，那么他们将不再有团结在一起的帮助力量，这些帮助力量正是目前我的社会工作者在我的工作背景中呈现出来的。

因此，我想可以把我们的案例划分为三个部分：

(i) 从内部整合的案例。
(ii) 包含失整合元素的案例。
(iii) 有环境崩溃特征的案例，而且环境崩溃已经发生。

针对第一组案例，我们所做的工作要与父母所做的或将要做的一致。针对第二组案例，我们需要发展出一种动力来符合失整合元素。针对第三组案例，个案工作者会组织或重新组织起环境。显然，第二组是我们所面对的最严重的问题，通常我们肯定会失败，因为我们没有足够的权威性来做这项工作。

有一类案例可以对这一点进行检验：

一位母亲带来了一个 8 岁的小男孩詹姆斯，因为他会弄湿自己，因为他如果不想就不会去学习，因为他逃避新环境、人群和所有的现实。这位母亲说孩子的父亲有严重的情绪问题，他的情绪在家庭中导致了紧张的气氛。而且，无论何时，只要母亲必须要很肯定的时候，父亲就倾向于站在男孩这边来反对母亲。当深入了解了这个案例的细节后，我发现一个补充情况。父亲已经离开并正忙于建立一个新的家庭；这位母亲因此有机会使这个男孩更切实地与现实接触，并且这个男孩开始把家庭里的其他男人当作父亲的替身。很显然，他更喜欢这些男人支持他的母亲，而不是支持他反对母亲。他喜欢他们，他变得更开心、更轻松，很长时间以来他都没有这样。随着这一切的发生，他的症状也开始减轻。

因此，在这个案例中我决定不见这个男孩。当我向这位母亲说明她正在形成一种情境，让男孩能够从他父亲消极态度的不良影响中恢复过来，而这个男孩看起来也足够健康并可以恢复时，这位母亲非常欣慰。如果我对此加以干涉，我会破坏母亲的满意度，因为这种满意源于她自己有能力帮助孩子。另一方面，如果有人要求我这么做，我的知识背景也使我能够完成这一工作，因为我已经采集了详细的病史，并根据这一案例的动力形成了自己的观点。如果我介入这个案例，如果我访谈这个男孩，我不是会失败，就是会成为另一个重要的父亲替代者。如果是后者，我必须持续做一个替代者，直到不再被需要，否则就会伤害这个男孩。

现在让我们看看安东尼的案例：

这个男孩第一次来我的诊所时只有 8 岁。现在他已经是一个男人了，我是说他在世界上的某个地方，但我并不确切地知道他在哪儿。我现在仍然不知道这个长程的案例是不是有一个成功的结果，这需要查找诊所的所有资料。在这个男孩的生活中没有什么能够持续下来，除了我的诊所。在他这段长长的历史进程中，除了我，诊所里的工作人员都换了好几次。在这些年中，这个部门持续整合着这个男孩的环境状况；在整个过程中再没有其他的事情能这样积极地持续下来。

在这个男孩很小的时候，他的母亲带着他离开了他的父亲，但是当他三四岁时，她母亲开始过自己的生活，并把他送回到父亲身边。他的父亲是一个有躁狂抑郁症气质和反社会态度的非常不稳定的男子。当我接手这个案例时，他已经再婚，并有了一个女儿，安东尼是他的父亲和继母带来的。继母完全站在他父亲这边，而且在那时完全与他父亲的观点相同，认为安东尼是反抗社会的稀奇的混合物，并宣称是社会而不是父亲应该教育孩子。这个男孩的智商非常高，正如我们日后所测。

也许这个案例中主要的困难是避免让我们对这些父母（这里指孩子的父亲）的愤怒干扰我们用积极的态度来对待孩子。这个男孩的确不讨人喜欢，除了眼睛斜视，他看上去面容痛苦，似乎没有任何优点。给他进行心理治疗的一个社会工作者最先向我指出，当他和这个男孩单独相处并给他机会来呈现自己时，他其实很好。他有强烈的偷窃和撒谎倾向，他最初被带到我这来就是因为与他的粪便和玩粪便有关的强迫症。他的继母不可能让他和自己的女儿住在一起；而这对父母又不可能更换一个足够大的房子，尽管他们能够负担得了，这让问题变得更加不可能解决。因此，这个男孩没有自己的房间，而他也显然不可能和他的同父异母的妹妹共用一个房间。

这对父母的态度就是责备我们或者任何他们可以与之谈论整个情况的人。他们想让男孩去一个著名的公立学校学习，并为此做好准备，他们不想为此有任何付出。那个父亲从未停止过责备我，因为我把男孩送到了一个收治适应不良儿童的医院。然而，在我们把他送到那之前，我们不得不找到一个可以忍受他肮脏的强迫症的人来照顾他。这其中变更了好几次，但是诊所一直与男孩和照顾他的人保持着联系。伦敦郡议会在整个漫长的时间里为这个男孩支付费用，使他得到很好的教育。然而即使是伦敦郡议会，也必须有各个部门如行政及其他部门的帮助，我的诊所出具的信件中指出一定不能拒绝给予这个男孩帮助，因为他的父亲是一个病态的、愤怒的人。最后他的继母也离开了他的父亲，这之后她完全变了一个人，也能够给我们提供比我们之前从父亲那里得到的更客观的观点，即关于男孩所处的极端困难的情景。

这个男孩决定从他认可的两所大学中的一所申请奖学金。第一次他尝试剑桥大学，但是失败了，然后他尝试牛津大学，我猜也失败了，但是他从来没有告诉我。然而，为了申请这些奖学金，这个男孩直到最后一刻都仍然确实需要帮助，因为他的父亲在他需要帮助的任何时候都不能提供支持。在这种情况下，我的诊所给了男孩 10 英镑，让他能参加考试。我想毫无疑问他失败了，但如果有一天，当他确立了自己在某个商业公司作为研究型物理学家的地位时，他会再次回到我们的生活中来。毫无疑问，在大学里他本来可以

> 做得很好，但是因为父亲的态度，他下定决心要进入牛津或剑桥。他确实并不适合这些大学，因为他的病史和一些残留的症状，这些症状无疑表明他被压抑的同性恋倾向以及他潜意识中与父亲人格当中所有有问题部分的紧密联系。

这个案例涉及的工作量很大，这里有重重的一堆文件和写给一切有可能的当局的书信。也许整个案例都是失败的，那个男孩也许只能成为一个貌似绅士的骗子。我们无从知道，但是我们仍然要为他提供一些整合性的、有持续性的帮助，否则他注定成为少年犯，甚至一生都会是罪犯。到目前为止，这是所有案例中叙述得最完备的个案工作。伦敦郡议会花了大量的资金使男孩就读于一所与他的智力相匹配的足够好的学校。虽然提供钱财并不是个案工作的一部分，但正如我前面说过的，在最后的时刻我们仍然从特殊基金里拿出了10英镑给这个男孩，而他的父亲是失败的，其所作所为看起来不可能出自于一个父亲，即使是一位如此病态的父亲。

这个案例中的失整合因素是男孩的父亲对社会的愤怒态度。他可以激怒所有人。当家长很难沟通时，我通常不会气恼，但在这个案例中，我告诉这个男人我对他的看法，我的用词甚至使他联系了卫生部部长，卫生部部长通过他的官员联系了圣玛丽医院，这个医院与帕丁顿·格林医院有联系，并最终联系到我。我这样回答他对我提出的指控：我确实说了他指控的那些话，我把相关文件一起发送给了部长并允许他通读所有文件。到目前为止我没有听到更多关于这件事的意见，文件也已归还。

可能有人要质疑我们做这项工作是否值得，但我的回答是我们无法避免这么做；如果一个案例出现在我们面前，我们有必要去满足他们的需要，并提供环境中所缺失的东西。我们不能简单地根据我们的评估结果开展工作。在很多案例中，我们的工作被超出我们控制范围的力量打断，而且我认为一个好的征象是直到最近，这个男孩自己能持续让我们了解他的状态，并通过这一方法让我们能够继续很久以前就已经开始的个案工作。也许正是因为在这样长的一段时间里我们始终以这种方式存在，使男孩产生了从成为一个罪犯到成为一个物理学研究者之间的区别。

我应该指出，这个男孩在我们最初接手这个案例时曾接受过一些心理治疗。如果我们有权力这样做，我们会为他提供某种可能的最深入的心理治疗，但是在我们工作地点的附近没有安置这类儿童的地方。这一案例说明我们在某些时候最主要的需要是我所谓的儿童精神病院，拥有真正好的教育设施而且离我们的诊所不远。这样，我们就能立即为那些必须由针对适应不良儿童的收容所管理的案例提供精神分析性治疗。当然，我们能处理的数量非常少，但无论如何，我们可以获得经验。现在，如果有大量的个案工作要做，如果必须要给个案提供一个新的环境，那么孩子就不得不离开这个能提供心理治疗的地方。

我用下一个例子来说明这样一个事实，即轻度精神病和反社会倾向的早期阶段之间有着很密切的联系。这个案例中同样有偷窃行为发生。

此案例涉及一个在公立学校上学的男孩。他的校长告诉他必须在他16岁时离开学校，因为他的偷盗行为太严重。非常不幸的是，这个男孩的父亲也曾经就读于这所学校，因此也由于这些特殊的原因，学校会想要对这个男孩尽量好一些。男孩的父亲是另一所学校的校长。在对男孩的访谈中，我发现他能够向我描述他在五六岁时经历的一段困难时期，当时在他看来他的父母似乎都忽略了他。我和他的父母谈起这件事，他们说的确在那段时间小男孩没有获得应有的重视。这对父母花了一段时间才发现自己忽略了孩子，当发现这一情况后他们尽自己所能来弥补。也正是这个时候，这个原本是弟弟的男孩惊奇地发现因为妹妹的出生，他成为中间的孩子。

这个案例中的家庭是一个很好的家庭，父母大为不安地发现，他们所做的事为男孩日后在公立学校的表现奠定了基础。他们只是太想带他回家，让他能拥有他们，而另外两个孩子都去各自的学校上学去了。这对父母像他们说的那样，给了孩子一个没有责任的、非常好的一年。在这一年年末，男孩开始想去学校，但在此之前，他表现出了相当严重的倒退，并像小孩子一样极其依赖，但在这个案例中他并不像一个婴儿。他最终去了一个日间学校，后来他渐渐决定去他父亲任校长的那所学校，并寄宿在别人家。后来的事实是他忘记了以前的偷盗行为，从那次我们交谈之后他再也没有偷窃过。

他的疾病不是神经症，治疗方式也不是心理治疗。我想它是一个个案工作，我应对家长的方式是，让他们知道自己有力量帮助孩子，在男孩最初变得更严重（但不是从偷窃中恢复）和后来痊愈的过程中，时刻关注他们不断变化的需要。在这个案例中，个案工作显得较为简单，这是因为家长和校长都只想要男孩康复，所以没有遭遇到失整合因素。没有任何破坏性元素使个案工作变成一个反应性的抱持过程。

在某些儿童精神病的案例，尤其是严重的案例中，总是存在异常的家长态度，事实上这正是疾病的原因，同时也是导致疾病持续存在的因素之一。儿童的疾病和家长的疾病相互影响，并导致更严重的问题。在这种情况下，个案工作的目标便是通过找到可改变的适应方法来获得缓解。但这是多么困难啊！

个案工作和团队工作

我想用一些观察来结束本节内容，这些观察与精神异常儿童个案工作的管理有关，即个案工作和团队之间的关系，因为团队也在儿童引导诊所工作（例如精神科医生、心理学家和精神科社会工作者）。

我想一些人可能会认为个案工作只在儿童常规指导的开始阶段发挥作用。但如果词语“个案工作”只是简单地应对来自于团队工作的复杂性，它将无法证明自己。我个人的观点是，儿童指导团队和儿童指导诊所的常规工作能很好地适应对案例的调查，即未成年法庭需要我们的报告。然而，这些工作与个案工作没有任何关系，个案工作可能会也可能不会伴随有调查和报告。

儿童指导诊所的大量工作便是重新整合案例的几个不同方面，这些方面由于团队的存在而彼此分离。可能正是因为这个原因，我个人从来没有像儿童指导诊所那样使用团队。在一个真正好的儿童指导诊所里，精神病医生在案例讨论中能够重新整合案例中的各种元素，而观察这一过程对学生来说显然也是有益的。尽管如此，儿童指导诊所仍然有可能将一个案例分成数片，然后再组合起来，因为这里仍然没有任何个案工作。

顺便说一句，我碰巧享受到了这样一个优待，即在最近几年，我与精神社会工作者和心理学家成为同事。因此，我们可以一起研究案例，我们都能从中获益，因为人多智慧大。在某些案例中，精神社会工作者根据自己的才能做了大量的工作，我很愿意把工作移交给这样的工作人员，无论是短期还是长期。把案例移交给我的精神科同事也是一样，除非我仍然为这一案例的医疗负责，因此我会期望经常从社会工作者那里获知患者的情况。

还有一个观察我认为是有益的。在心理治疗中通常很难改变心理治疗师，但在个案工作中则可以，而且也应该改变，是诊所而非个人在提供与案例的连续性关系。个案工作者无法确定自己永远都在一个职位上。如果人们想的是个体心理治疗，那么个案工作者是为机构或诊所工作的，必然会有些损失。然而，收益也是巨大的，因为诊所的稳定性远远超出任何个人。我曾经用一个案例来说明这点。当然，我不是说我们所关注的个体之间的关系都能在更换个案工作者时以没有创伤的方式得到缓和。人们可以想象一个极端的情况，个案工作者不再是一个人，而机构也是永久性的，并且只是行政机器。这将使我们倒退到黑暗的年代。在某种意义上，个案工作是我们利用行政机构时人性化的、会出错的元素，而不是让行政机构来利用个人。如果我们这样来看，就能容易地看到虽然案例要求这两者合作，但个案工作者和管理员之间仍然互相怀疑。

总　结

我曾试图从复杂的、机械的团队工作中挽救对个案工作的想法。

在大量的儿童精神病患者案例中，个案工作不是主要特点。通常总是有父母会发现孩子有病，并为此寻求治疗。显然，当孩子患上精神疾病，同时又存在环境缺陷，必须要得到改变时，个案工作便成为主要的特点。我非常关注这一类有特殊意义的案例，因为在这些案例中一些元素是破坏性的。

在最简单的案例中，父母双方或一方患有精神方面的疾病，个案工作作为对父母疾病的一种反应而获得其动力性力量和自己的整合性。这个主题可以得到发展，并涵盖各种类型的案件，但重点是，因为案例中的失整合趋势，如果案例需要以某种方式满足，那么积极的整合过程就必须以某种方式得以发展。这些工作如同组织管理积极整合的趋势或抱持[3]那些倾向于毁灭的案例材料一样重要，但我在这里并不是强调我们要做的这些工作，而是建议在此处最好使用“个案工作”这个词。

这不是一个新观念，但是需要特别强调。我所列出的这些任务可以帮助我们更清楚地看到对患有精神疾病儿童所做的个案工作与心理治疗之间的区别。

〔1959〕

[3] 关于个案工作中“抱持”这个概念，请参见 Clare Winnicott，*Child Care and Social Work*（Welwyn：Codicote Press，1964）。

16

孤儿及他们如何代偿丧失的家庭生活

在阐述关于“为被剥夺家庭生活的儿童提供帮助”这一主题时，我们需要记住：对于一个团体，主要关注的应该是其健康的成员。一般来说，需要优先考虑良好的家庭，一个简单的理由是在自己家中成长的儿童是会回报的，正是对儿童的照料得到了回报。

如果接受以上观点，则需要考虑以下两点。首先，我们已经注意到了普通家庭的一些必需品：基本住房、食物、衣物、教育、休闲娱乐设施，以及所谓的文化食粮。其次，我们必须知道，我们从不干扰一个正在发展的家庭，甚至是为家庭好也不去干扰。医生尤其易于介入母亲和婴儿或家长和孩子之间，总是带着好意，为了防止疾病和促进健康；而且医生绝不是这个方面唯一的冒犯者。例如：

一个离婚的母亲向我咨询在以下情况中该怎么办。她有一个 6 岁的女儿，孩子的父亲所参加的宗教团体希望把孩子带离母亲身边，并把她放进一所寄宿学校——学期中以及

> 放假期间都必须待在学校——因为这个组织不赞同离婚。事实上，孩子和母亲在一起被安置得很好，也很安全，母亲的新丈夫几乎被她忽视，但因为一个“禁止孩子与离婚母亲居住”的规定，使这个孩子处于一种即将被剥夺的状态。

事实上，很多被剥夺儿童以这样或那样的方式被安置下来，而补救则在于避免管理不当。

尽管如此，我仍然不得不面对一个事实：和很多人一样，我自己就是一个十足的家庭破坏者。我们总是把孩子带离他们的家庭。仅在我的个人门诊中，我们每周都有紧急需要将儿童带离家庭的案例。事实上，这些儿童中很少有 4 岁以下的。在这行工作的人都知道，由于这样或那样的原因，在这类案件中会出现这样一种情况：如果不把孩子在几天或几周内送走，这个家庭将会破裂，或者孩子将会被送上法庭。人们一般认为，孩子在离开家庭后会过得很好，或者孩子离开后家庭会过得不错。如果我们能立即提出这些分离，很多令人沮丧的案件都能够自己修复。而且，如果我们为了避免对完好家庭造成不必要的伤害所做的一切是在削弱政府所做的努力，即为这些儿童提供短期或长期的住宿环境，那将是一件十分可悲的事情。

当我说在我的诊所中每周都有这类案例时，我的意思是在大多数案例中，我们在已经存在的设施中成功地帮助了这些孩子。当然，这就是我们的目标，不仅因为经济方面的因素，也因为如果家庭是完好的，它将是一个很适合儿童成长的环境。大部分需要心理帮助的儿童都遭受着与心理因素有关的障碍、个体情感发育障碍，以及由于生活困难所导致的、固有的障碍。儿童的这些困扰可以在家庭中治疗。

评估剥夺

为了找到我们如何才能最好地帮助一个被剥夺的儿童，我们首先必须要确定，在最初的时候足够好的环境可能使正常的情感发育达到什么程度，这里所说的环境即：(1) 母婴关系；(2)“父亲 - 母亲 - 儿童”之间的三角关系。然后根据这一点来评估在初始阶段以及以后的发育过程中，由于剥夺造成的伤害。所以，案例的病史很重要。

以下将破裂家庭分为 6 类的方法可能会比较有用：

1. 原先是很好的家庭，由于父母一方或双方突然发生意外而破裂。
2. 由于父母离异造成家庭破裂，他们本身仍是好家长。
3. 由于父母离异造成家庭破裂，他们本身并不是好家长。
4. 家庭不完整，因为没有父亲（私生子）。母亲很好，祖父母可能取代了父母的角色，或在一定程度上取代了父母的角色。
5. 家庭不完整，因为没有父亲（私生子）。母亲也不好。
6. 完全没有家庭。

另外，也可以交叉分类：

1．根据儿童的年龄，以及足够好的环境中止的年龄。

2．根据儿童的天性和智力。

3．根据儿童的精神诊断书。

我们避免根据儿童的症状、负面价值或儿童所处的困境让我们产生的感受来评估问题。这些考虑会让我们迷失方向。通常病史是缺乏的，或者病史中重要的部分是缺失的。然后，一般情况下，唯一断定良好环境的方法是提供一个良好的环境，然后观察儿童能怎样利用它。

我们需要对“儿童怎样利用一个良好的环境”进行特殊的评论。被剥夺的儿童是一个病人，通过重新调整环境来使其从患病变成健康从来都不是很简单的。最好的情况是，能够从简单的环境供给中获益的儿童开始逐渐好转，而且随着从疾病到逐渐好转的改变，儿童开始能够越来越多地对过去的剥夺感到愤怒。对世界的恨是存在的，但健康只有在恨被感受到以后才会出现。在一小部分案例中恨被感受到了，甚至这样小的并发症也会导致困难。然而，这一最好的结果只有在每件事对于儿童意识层面的自我而言都是相对能够获得的时候才会出现，而这极其罕见。在某种程度上，或在很大程度上，属于环境失败的感受是无法到达意识层面的。剥夺发生在令人满意的早期体验的巅峰，这样的事情确实会发生，与剥夺相应的憎恨就会出现。下面的案例就说明了这种情况：

有一个7岁的小女孩，她父亲在她3岁时去世了，但她很好地处理了这一困难。母亲把她照料得很好，而且再婚了。这次再婚很成功，继父很疼爱她。这种良好的状况一直持续到母亲再次怀孕。此时，继父完全改变了对她的态度。他变得只关心他自己的孩子，而不再关心继女。婴儿出生后情况变得更糟，母亲对她的注意力也有一部分转移到了小婴儿身上。小女孩无法在这种氛围中成长，但如果转到寄宿学校，她很可能会做得很好，甚至能理解发生在自己家中的困境。

另外，下一个案例则展现出了令人不满意的早期经历的影响：

一位母亲带来了她2岁半的儿子。小男孩有一个十分幸福的家庭，但他只有在得到母亲或父亲的注意时才开心。他不能离开他的母亲，所以不能独自玩耍，并且陌生人的靠近会引起他的恐惧。考虑到小孩的父母都是普通的正常人，那么在这个案例中究竟有什么问题呢？事实上，小男孩是在他5周大时被收养的，而那时他就已经病了。有证据表明：他出生家庭的保姆曾把他当成一个特殊的小宠物，因为她似乎不想让收养婴儿的父母发现他。第5周的转换在婴儿的情感发育中引起了一次严重的颠覆，而养父母只能开始逐渐地克服这些困难——这当然不是他们能想到的，他们在婴儿如此小的时候就已经接受这个孩子了。（事实上，他们曾经非常努力地想要领养一个更小的婴儿，1 周或 2 周大小的婴儿，因为他们意识到可能会出现一些麻烦。)

我们必须知道，当良好的环境被破坏，以及当好的环境从来没有出现过时，在儿童身上会发生什么，这包含在对整个个体情感发育主题的研究中。有一些现象已众所周知：愤怒被压抑，或者爱的能力丧失了。一些其他的防御机制逐渐在儿童的人格中建立起来。可能会退行到情感发育的某些早期阶段，这些阶段比其他的阶段要略好一些，或者会出现病理性内向状态。比通常的想法更常见的是，会出现人格分裂。这一分裂最简单的形式中，儿童代表了橱窗或外显的部分，这建立在依从的基础上，而包含所有自发性自体的主要部分都保持着隐秘，一直藏在与理想的幻想客体之间隐藏的关系中。

虽然很难对这些现象做一个简单、清晰的描述，但如果我们想弄明白被剥夺儿童案例中的好转征象，理解这些现象仍然是有必要的。如果我们不能理解当一个孩子病得很重时会是怎样的，我们就不会看到，例如，一个被剥夺儿童的抑郁心情可能会是一个好转征象，尤其是当没有伴随着强烈的被害观念时。单纯的抑郁情绪暗示着儿童或多或少保留了人格的统一性，有担忧感，并且确实能够对所有出现的错误负责。同样，某些反社会行为，例如尿床、偷窃等，也暗示着至少在某个时刻可能会存在希望——希望再次找到一个足够好的母亲、一个足够好的家庭、一个足够好的父母之间的关系。即使是愤怒也可能暗示着希望，而且在此刻儿童是一个统一体，能够感受到想象出来的和在我们所谓的共享现实中真正能够发现的，这两者之间的冲突。

让我们思考一下反社会行为的含义，例如偷窃。当一个儿童偷窃时，他（她）（儿童整体，包括潜意识部分）想找的并不是所偷的东西，而是人，母亲，孩子有权利从母亲那里偷窃，因为她是母亲。事实上，每一个婴儿从一开始就在声明从母亲那里偷窃的权利，因为婴儿创造了母亲，把她想象出来，创造出她天生的爱的能力。通过一直在那里，母亲一点一点地把自己给了她的婴儿，作为婴儿进行创造的材料，这样到最后，婴儿主观创造出来的母亲与我们能够同意的、真实的母亲形象非常相似。同样，尿床的孩子是为了寻找母亲的大腿，在婴儿的早期阶段，母亲的大腿常常是湿润的。

这些反社会症状是寻求回到原来环境中的方法，意味着希望。他们失败了并不是因为他们的方向错了，而是因为儿童没有意识到自己在做什么。因此，反社会儿童需要一个特殊的环境，有治疗性目标，能给出与症状所表达的希望相适应的现实。然而，这要持续很长一个阶段才能有治疗效果，因为正如我说过的，很多事物都无法成为孩子意识层面的感受和记忆。同样，孩子必须对新环境产生极大的信心，信任其稳定性及客观性，在他（她）能够放弃他（她）的防御之前——对抗无法忍受的焦虑的防御，这些焦虑总是倾向于被新的剥夺激活。

现在我们知道，被剥夺的儿童是一个病人，一个有着创伤体验的人，他（她）用自己个人的方式来处理那些出现的焦虑，其恢复的能力或多或少与意识层面中适当的恨和最初爱的能力的丧失程度有关。我们能采取什么实际措施来帮助这类儿童呢？

帮助被剥夺儿童

很显然，有些人必须要关心儿童。社会公共团体不再否认对被剥夺儿童的责任；确实，现在另一个方向上的动摇也是对的。公众的观点认为要尽可能好地对待那些缺乏家庭生活的儿童。现在我们的很多麻烦都源于这种新观念下的原则在实际应用时所引发的困难。

我们不可能通过颁布一项法案或设置行政机构来为每一个儿童做正确的事情。这些事情是必需的，但只是痛苦的初级阶段。每一个案例中，对儿童的适当管理都需要人，而且必须是适当的人；但马上能够上任并且合适的人则十分有限。如果行政机构能够提供一批中间人士，他们既可以处理职位上的公事，又可以与实际照看者保持联系，欣赏他们的优点，表扬他们的成功，让教育过程更丰富有趣，讨论失败和失败的原因，在儿童转移过程中给予帮助或短期关注，那么可用人手会大大增加。照顾一个孩子是需要全心投入的工作，做这些工作的人几乎不会有多余的情感来处理行政程序，或处理某些由警察带来的特定案例中呈现出来的广泛的社会问题。相反，能够固定地处理这些行政事务或警务的人不太可能是照顾儿童的第一人选。

现在我们来看一些特定的情况，我们有必要记住每一个给予帮助的儿童的精神诊断报告。正如我指出的，我们只有在仔细采集了病史和经过一段时间的观察之后，才可能做出诊断。重点是被剥夺了家庭生活的儿童可能在婴儿期曾拥有过一个良好的开始，或甚至开始了家庭生活。在这类案例中，儿童精神健康的基础可能已经形成，继发于剥夺的疾病取代了健康的状态。另一种儿童即使没有健康的体验，也不可能看起来更糟，因为在新的环境中孩子可以被再激活或重新发现健康的体验。比这严重的是，早期婴儿的养育可能非常糟糕或复杂，以至于缺乏根据人格结构和现实检验而定义的精神健康的基础。在这样极端的情况下，好的环境必须在一开始就被创造出来，否则好的环境可能完全不会有机会，因为儿童从根本上就已经错了，也许还带着朝向疯狂或不稳定发展的固有倾向。在极端的案例中，儿童是疯狂的，虽然这一词语不应当被用在儿童身上。

识别问题的这一部分非常重要，否则那些去评估结果的人会十分惊讶地发现：即使是最好的管理，仍然总会遭遇失败，这些儿童长大以后总是会变得疯狂或极端反社会。

根据早期环境以及与早期环境有关的情境中是否有积极的特征，我们已经对儿童做出了诊断，那么下一件要考虑的事情就是程序。在这里我想强调（作为一个儿童精神分析师），管理被剥夺儿童的一个明确原则是：不为他们提供心理治疗。心理治疗是在某些案件中实在别无他法时的最后手段。在现阶段，一般来说，个人心理治疗并不是实际的政策。核心程序是提供一个家庭选择。我们可以根据下面的方法来分类：

（1）养父母，他们想给儿童家庭生活，就像他们亲生父母会给他们提供的一样。通常会认为这是理想的选择，但我们也要记住这些被收养的儿童必须是那些对好的事物有反应的儿童。这实际上就是指他们必须在过去的经历中有过足够好的家庭生活，而且能够对此做出反应。在收养的家庭里，他们有机会重新发现他们曾经拥有、后来又失去了的事物。

（2）下一个是小的看护之家，如果有可能（不是必需的），是在已婚看护者的监护下，每一个看护之家都有各个年龄组的儿童。这样的小看护之家可以很方便地聚成小组，从管理和儿童的角度来看都有好处，孩子们想要兄弟姐妹，可以聊天。再一次强调，我们总是试图做到最好，因此，非常关键的是那些仍然无法从这样好的环境中获益的孩子就需要被排除在外。一个不合适的儿童可能会破坏整个小组的良好工作。我们必须记住真正好的工作比略差些的工作在情感上要困难得多。而且一旦出现失败，负责的人会非常容易放弃最佳方案，转而去做较容易却不那么有价值的工作。

（3）第三类的小组更大一些。看护所通常会容纳 18 人。看护者与所有的儿童保持个人联系，但他们有助手，对助手进行管理是他们工作中重要的一部分。对孩子的热情被分散，而孩子当中也会出现大一些的孩子彼此对立，带着潜在的嫉妒一起玩。我们已经在朝向不那么好的管理模式，但仍然还能够管理被剥夺儿童中不那么令人满意的类型。这种工作模式较少关注个体，更专断，对每一个儿童的要求也相对要少一些。在这样的看护所里，对儿童之前好的经历要求不高。这样的看护所与小的看护之家相比，不那么要求其中的孩子有能力在与家庭认同的同时也能够保持个人的冲动和自发性。在大一些的看护所中，中介的事物是足够好的，即会融合，并与小组中的其他孩子认同。

（4）我们的分类中，下一个是更大的收容所，在这里，看护者主要参与到对工作人员的管理中，只是间接地关心对儿童的即时管理。有一个好处是更多的儿童可以住在这里。这也意味着工作人员之间有更多的机会互相交流，这对儿童也是有好处的，即大家都会竞争。我认为我们可以说这种收容所能够管理病得更严重的儿童，如那些最初好的经历非常少的儿童。很客观的主管可以作为权威的代表存在于背景中，这是这些孩子们所需要的，他们需要是因为在内心中，他们无法既保持自发性，同时又保持控制。（他们要么必须与权威认同并成为微小的领袖，要么就必须具备冲动，完全依赖于外在权威来控制。）

（5）在这之上仍然是更大的机构，它能为处于不可能条件下的儿童提供最好的帮助。有时候，确实要有这样的机构存在。它们必须以独裁的方式来运行，对个体儿童来说，其好处是儿童必须服从社会可以立即提供的条件的各种限制。潜在的独裁者可以有一种好的升华形式。我们甚至可以在这种令人不悦的事件状态中发现其他的优点，由于对独裁方法的强调，非常无望的困难儿童可以以这样一种方法得到管理，使他们在很长一段时间不会给社会造成麻烦。真正有疾病的儿童在这里比在好一些的家庭中更加开心，他们会变得能够玩耍和学习，他们达到这样的程度会让不知情的观察者都感到印象深刻。在这样的机构中，我们很难辨别出哪些儿童已经好转，可以换成更个人化的管理模式，即在转换后的模式中他们可以成长出与社会认同的能力，同时又不会丧失自己的个体性。

治疗与管理

现在我想要比较两种极端的管理，一个是领养家庭，另一个是大型机构。对于前者，正如我曾说过的，其目标是真正的治疗。我们都希望儿童随着时间的推移能从剥夺事件中恢复过来，如果没有这种管理，将不只是留下一个伤痕，还会变得残废。如果真的出现这种现象，我们所需要的将远远超过儿童对新环境的反应。

开始的时候，儿童往往会做出一个快速反应，那些关注的人会倾向于认为他们的问题已经结束了。然而，当一个儿童获得了自信，他们会有能力对之前失败的环境产生愤怒感。当然，事情不可能完全这样发展，尤其是当儿童并没有意识到正在发生的重大转变时。养父母们会发现自己会阶段性地成为孩子愤怒的对象。他们必须要克服孩子开始能够感觉到的愤怒，这愤怒属于孩子原生家庭的失败。养父母能理解这一点十分重要，否则他们会变得沮丧；而且育儿工作人员也必须知道这一点，否则他们会责备养父母，并且会相信孩子关于受虐和挨饿的故事。如果养父母遇到工作人员来察访是否存在问题，他们可能会变得过于焦虑，这使他们试图引诱儿童感到友好和开心，而这剥夺了孩子康复过程中最重要的部分。

有时，孩子会非常聪明地引发特殊的虐待行为，尝试真实地进入与其憎恨相符的不良状态。然后，他们会开始爱上残忍的养父母，因为儿童在内在仇恨转化为外在愤怒的过程中体会到了解脱。不幸的是，在这一点上养父母很可能得不到他们社交团体的理解。

有方法可以解决。例如，我们也发现一些养父母在按照拯救原则工作。对他们来说，孩子的亲生父母极其糟糕，他们一遍又一遍大声地说给孩子听，因此将孩子的恨从自己身上转移开。这种方法可能效果不错，但却忽略了现实的情景，而且不管怎样这扰乱了被剥夺儿童的某种特质，使他们倾向于认为他们的原生家庭就是那样。毫无疑问，更健康的做法是，养父母接受儿童周期性的愤怒情绪并坚持下来，这样每次都能与孩子建立一种新的、更安全的关系（因为不那么理想化）。

相反，对于大型机构中的儿童，管理目标并不是治疗他们的疾病。其目标首先是给这些被忽略儿童提供住所、食物和衣物；其次是提供一种管理，使孩子们能有秩序地生活，而不是生活在混乱中；最后是让尽可能多的儿童不与社会发生冲突，直到他们 16 岁，必须放松缰绳，让他们去世界上的某处生存。在这样的案例中，严格的管理是关键，如果在此之上还能加上一些人性化，就更好了。

我们必须记住，即使是在非常严厉的机构里，只要它能保持一致和公平，儿童就可以在自己身上发现人性，他们甚至能够尊重严厉，因为严厉也意味着稳定。能理解在这一体系中工作的人，孩子们就能找到方法引入更多的人性化时刻。我们可以做某些事，例如，可以选择一些合适的儿童有规律地与外在世界中可靠的叔叔、阿姨替代者们联系。我们可以找到某些人在儿童生日时送上祝福，每年邀请儿童去家里喝茶 3 或 4 次。这些只是举例，但表明这类事情是可以做到的，而且这样做不会干扰儿童所处的严格设置。我们必须要记住严格的设置是基础，所以如果这一设置出现例外或漏洞，则会干扰儿童。如果必须要有严格的设置，那么就让它是一致、可靠且公平的，这样它就能产生积极的价值。另外，总是会存在一些滥用特权的儿童，那么谁滥用谁就要受罚。

在这类大型机构中，为了和平安宁，重心放在为了社会利益而进行的管理上。在这一框架内，儿童必然会或多或少地丧失自己的个性。(我并没有忽略这样的事实，即在一些中型机构中，仍然有空间让那些足够健康并能够成长的儿童来逐渐成长，这样他们会越来越能够与社会认同，且不会丧失自己的身份。)

还有一些儿童被我称为是疯狂的（虽然我们不应该这样说)，即使是在独裁的管理下，仍然会失败。对于这样的儿童，就必须要有医院一类的、主要为成人提供的设施，而且我认为我们还没有确定社会为这些极端的案例做些什么会是最好的。这些孩子病得如此严重，以至于那些照顾他们的人甚至会认为当他们变得反社会时，也就意味着他们开始好转了。

我想用两件事来总结这一章节，在考虑被剥夺儿童的需要时这两件事是极其重要的。

儿童早年经历的重要性

第一点，重点关注儿童的照料者，尤其是她外出和对新环境保持警惕的能力。如果我是一个照看儿童的工作人员，一旦我开始照看一个儿童，我就会立刻想办法搜集从他（她）出生到现在的所有细小信息。这总是一件十分紧急的事情，因为随着时间的流逝，对于任何人来说都会越来越不容易回忆起关键的事实。当人们在处理第二次世界大战中失败的疏散计划时，是那么让人感到痛苦，有一些儿童，我们永远无法知道在他们身上发生了什么。

我们知道有时正常儿童在上床睡觉之前会问："今天我做了什么？"然后，母亲会说，"你今天 6 : 30 醒来，然后一直玩泰迪熊、念儿歌直到我们起床，然后你就起床到花园去了，然后吃早餐，然后……"等等，直到这一天的整个计划都从外部整合了起来。这个孩子知道所有这些事情，但还是喜欢让其他人来帮助自己意识到所有这些。这会感觉很好，而且真实，并且可以帮助孩子区分现实和梦境，以及白日梦。同样的事情也通过正常的父母在回顾儿童过去的生活时所采用的方法而呈现出来，这会包括儿童能记得的事情，也包括孩子完全不明白的事情。

缺乏这件简单的事情，这对于被剥夺儿童来说是一个严重的丧失。至少应该有个人来收集所有能够收集到的内容。最好的情形是，儿童护理工作人员能够与孩子的亲生母亲有一次长谈，让她逐渐道出从孩子出生那刻起的所有历史，甚至还包括一些她怀孕期间经历的重要细节和导致她怀孕的经历，这些细节可能会也可能不会决定她对孩子的态度。然而，通常情况下，工作人员得四处奔波来收集信息。即使是儿童进入机构前的一个朋友的名字，也可能十分有价值。当照看者得到了儿童的信任，接下来的任务就是与其建立合约。我们可能会找到一些方法让儿童明白，这里或者照看者办公室的文件中有儿童至今为止的所有经历。儿童可能暂时不想知道任何事情，但以后我们还是会需要这些细节。这是不合规则的，破裂家庭的孩子最终会需要了解事实——如果想要恢复健康的话，而且我想在领养儿童的案例中其目标应该是养育一个健康的儿童。在另一个极端，即在更大的团体中用独裁的方法来管理的儿童，不太可能变得足够好，所以也不太可能达到能够了解关于过去真相的程度。

因为事实就是这样，也因为工作人员短缺，我们应当从更正常的一端开始。即使是这样，儿童护理工作人员也很可能会感觉到这是不可能的，因为他们的工作量太大了，虽然他们很喜欢做这样的事情。我的重点是，儿童护理工作人员必须要坚决地决定一旦他们无法照看更多的案例，他们就不再接受案例。在照看孩子的工作中没有一半一半的工作。这件事的重点是要很好地处理少数儿童，而将其他儿童交给由独裁方法管理的大型机构，直到社会能够更好地处理这些事情。好的工作必然是个体化的，否则它对儿童和儿童护理工作人员而言都是残忍而难熬的。只有当这项工作是个体化的，而且做这项工作的人没有超负荷工作时，这项工作才是有价值的。

我们必须记住，如果儿童护理工作人员接受了太多的工作，他们会经常失败，最终统计人员会证明整个事件都是错的，而独裁的方法在提供带有工人的工厂和带有佣人的家庭时更加有效。

过渡性现象

我想要说的另一点仍然是从第一眼看到正常儿童开始的。如果正常的儿童被剥夺了家庭和他（她）身边所熟悉的事物，他（她）怎么可能不出问题呢？每天都会有儿童进出医院，不仅是治疗躯体疾病，也包括增强适应性，甚至丰富生活经验。孩子们一次又一次离开家去和叔叔、阿姨待在一起，并且不论怎样，他们总是随着父母离开熟悉的环境，进入陌生的世界。

这是一个非常复杂的主题，我们可能要通过以下方法来探索。让我们想象一个非常熟悉的孩子，问问我们自己这个孩子会带着什么一起睡觉，帮助他（她）从醒着过渡到梦境当中：一个娃娃，也许几个娃娃，一个泰迪熊，一本书，一件妈妈的旧衣服，一角棉绒布，一床旧被子，或者一条手绢（这可以作为在婴儿发育的某个特定阶段的餐巾替代品）。在某些案例中也可能没有这样的物品，而孩子只是吮吸任何他（她）可能找到的东西，例如拳头，然后是拇指或两根手指；或者会有一些生殖器的活动，我们更容易使用自慰这个词；或者孩子会俯卧，做一些节律运动，通过让头部出汗来显示对放荡本性的体验。在某些案例中，婴儿从最早的几个月就开始只要求身边有人，这个人很有可能是母亲。我们通常会观察到很多的可能性。在儿童很多的娃娃和泰迪熊中会有一个是特别的，它很可能很柔软，在婴儿大约10、11或12个月大的时候得到了这个东西，婴儿对这件物品的态度可能既很残忍，又非常爱护，没有这件东西，婴儿不肯睡觉；如果婴儿要去哪里，这件东西一定得带着；如果这件东西不见了，对婴儿来说就是一个灾难，对关心婴儿的人来说也会是灾难。这件东西永远不可能被送给其他的孩子，而且不管怎样，也没有其他的孩子会想要它；最后它变得又脏又臭，但仍然没有人敢洗它。

我把这个东西称为过渡性客体。通过这一方法，我可以说明每一个儿童都会经历的困难是把主观现实与共享现实联系起来，而共享现实是可以被客观感觉到的。从清醒到入睡，儿童从感受到的世界跳入到自己主观创造的世界中。在两者之间需要有各种各样的过渡性现象——中性地带。这样我可以来描述这一珍贵的客体，我们大家都明白这一点，所以没有人会大声宣布这件真实的事物是世界的一部分，或者那是被婴儿创造出来的。我们可以理解这两种说法都对：婴儿创造了它，世界提供了它。这是初始任务向前的进一步发展，正常的母亲都会让她的婴儿来开始这一过程，母亲通过最微妙而活跃的方式来将自己提供给婴儿，可能就是她的乳房，在一千次以后，也许在这一刻婴儿就能够创造出与母亲所提供的乳房相似的某物。

大部分适应不良的儿童要么没有这样的客体，要么就是遗失了它。这个客体一定是代表着某人，这些儿童的状况不可能只通过简单地给他们一个新的物品就可以治愈了。然而，儿童必须要对照顾他（她）的某人产生足够的信任，能深刻象征这个人的客体才会出现。这会被感受为一个好的征象，就像能够记住一个梦，或梦见一件真实的事情。

所有的这些过渡性客体和过渡性现象让儿童有能力承受沮丧、剥夺以及新环境的出现。我们能否肯定在我们对被剥夺儿童的管理中，是否尊重了这些确实存在的过渡性现象呢？我认为，如果我们以这种方式来看待对玩具、自慰行为、睡前故事以及儿歌的使用，就会发现，通过这些事情，儿童形成了某种能力，能够在某种程度上忍受对他们所习惯的，或者甚至是他们所需要的事物的剥夺。儿童从一个家庭转移到另一个家庭，从一个机构转移到另一个机构，他（她）可能能够适应，也可能不能适应，这取决于一件衣服或一个柔软的物体能否跟着他（她）从一个地方到另一个地方；或者是否能在睡前听到熟悉的故事，这样能将过去与现在联系起来；或者自慰行为是否能得到容忍与尊重，甚至由于其积极的意义而得到重视。显然对那些环境受到干扰的儿童来说，这些现象有着特殊的重要性，对这些现象的研究应该可以提升我们为这类人提供帮助的能力。这些人在他们能够接受以前就被随意摆布，而对于上述这些他们能够接受的事情，我们也要带着极大的困难才能够接受，即：世界永远不会像我们创造的那样，对于我们每个人，能够发生的最好的事情就是在外在现实和我们创造的世界之间有足够的重叠。我们能接受介于这两者之间的身份，作为一种假象。

对于那些拥有幸运环境体验的人来说很难理解这些事情；尽管如此，被从一个地方转移到另一个地方的婴儿或小孩子仍然会非常精确地处理这个问题。如果我们剥夺了一个儿童的过渡性客体，打乱了过渡性现象的建立，那么这个儿童就只剩一条路了：人格分裂，一半与主观世界相联系，另一半在顺从的基础上对侵犯自己的世界做出反应。当这种分裂形成以后，介于主观和客观之间的桥梁就毁坏了，或者从来就没形成，儿童就不能成为一个完整的人[①]。

在我们照顾的儿童中，由于被剥夺了家庭生活，这种状态十分常见。在那些我们打算送往领养家庭或敏感的小收容所的儿童中，每一个案例都会或多或少地发现某种程度的分裂。主观世界对儿童有负面影响，虽然它可以是理想的，但也可以是残酷和有害的。最初，儿童会把他（她）发现的任何事物都转变成这些形式，要么领养家庭很美好，现实家庭很糟糕，要么正好相反。然而，最后如果一切顺利，儿童将能够有对好家庭和坏家庭的幻想，梦到这些家庭并能够说出来、画出来，同时他们也能够感受到由领养家庭所提供的真实的家庭。

真实的领养家庭的好处是不会在好坏之间剧烈摇摆。它或多或少地保持着中等程度的失望和满意。那些管理被剥夺儿童的人可以通过识别每一个儿童是否在某种程度上拥有对中性地带的接受能力来获得帮助，包括自慰、玩娃娃、欣赏儿歌等。所以，通过研究正常儿童喜欢什么，我们可以知道这些被剥夺儿童的绝对需要。

〔1950〕

[①] 关于这一主题的更多内容参见‘Transitional Objects and Transitional Phenomena’, Chapter XVIII III in *Collected Papers* by D. W. Winnicott（London：Tavistock Publications, 1958）。

17

群体影响与适应不良的儿童

——学校阶段

这一章的目的是研究团体心理的某些特定方面，这可能有助于我们更好地理解对适应不良儿童进行群体管理时所碰到的问题。让我们首先来考虑正常儿童，他们生活在正常的家庭中，有目标，去学校上学，而且确实想要学校来教导自己，他们会找到自己的环境，甚至会帮助保持、发展或修正这一环境。相反，适应不良儿童需要的是一个管理的环境，而不是教导。教导是一件次要的事情，有时候甚至会是一个特殊的事件，会更具有矫正性教导的本质，而不是学校中的传统授课。换句话说，在适应不良儿童的案例中，“学校”更像是“收容所”。由于这些原因，那些关心反社会儿童管理的人不是略懂一些人性的学校教师，事实上他们是一群懂得一点教导的心理治疗师。所以，关于群体结构的知识对他们的工作十分重要。

群体和群体心理是一个巨大的主题，我从中挑选了一个主要的主题来呈现，即群体心理的基础正是个体心理，特别是个体的个人整合性。所以，我以对个体整合性的简单陈述来开头。

个体情感发育

心理产生于无望的混乱之中，而现在这一观点已经被接受，即情感发育是一个持续的过程，出生时就已经开始，并将持续整个一生，直到老死（如果幸运的话）。这一理论是所有心理学派的基础，并提供了有用的、大家都认可的原则。我们的意见可能差异很大，但这个简单的观点——情感发育的持续性，把我们聚集到了一起。在这一基础上，我们可以研究过程，以及会出现危险的阶段，无论危险是来自内心还是外部。

我们都能接受一个普遍的观点，即我们越早开始检测个体成长中的情感发育过程，就越会发现环境因素的重要性。一个普遍接受的原则是，儿童是从依赖走向独立的。在健康的情况下，我们期望个体能够逐渐认同越来越广泛的群体，并且在与群体认同的同时不会遗失自我的感觉和个体的自发性。如果群体过于宽广，那么个体间会失去联系；如果群体过于狭窄，又会丧失个人身份。

在我们为青少年提供的俱乐部和其他组织中，要在“群体”这个词的意义上逐渐扩展是极其麻烦的，我们通过观察每一个男孩或女孩能否连续地在每一个群体中认同，且不会丧失太多的个性化来判断我们是否成功。我们为青少年前期的儿童提供童子军和指导者，为潜伏期儿童提供幼兽和小精灵。在入学的第一年，学校提供一种家庭的扩展和延续。如果是服务于幼儿的学校，那么我们会看到学校与家庭整合在一起，它也不会太重视真正的教学，因为幼儿需要的是组织起来玩的机会，以及为开始社会生活而准备的、受控制的条件。对于幼儿，我们发现真正的群体是他（她）自己的家；对于婴儿，我们知道如果我们必须要打断家庭管理的连续性，这将会是一场灾难。如果我们注意到这一过程的更早期阶段，就会发现婴儿十分依赖母亲的管理、母亲的持续出现以及母亲的存在。母亲必须足够好地适应婴儿的需要，否则婴儿将不可避免地会发展出某些防御，这些防御会扭曲这一过程。例如，如果环境是不可靠的，婴儿就必须接管环境的功能，那必将导致真实自体的隐藏，而所有我们能看到的只是一个假性自体，参与到隐藏真实自体和满足世界每时每刻提出的要求的双重任务当中。

在更早期，婴儿被母亲抱着，他（她）只能理解以躯体动作的方式表达的爱，也就是说，被一个活生生的人类抱着。这是一种绝对的依赖。在这一极早期阶段出现的环境失败将无法被防御，除非让发育过程延迟下来，或者出现婴儿精神病。

现在让我们看看，当环境运行良好时将会发生什么，所有事物都会很好地满足当时的具体需要。精神分析本身最初是关心（而且它也必须这样）本能需要（自我和本我）的满足，但是在这一背景中，我们更关心环境的供给，它使所有其他的事情成为可能，即我们在此时此刻更关注母亲对婴儿的**抱持**，而不是母亲对婴儿的**喂养**。当抱持和总体足够好时，我们在个体情感成长的过程中会发现什么呢？

在我们所有的发现中，这里我们主要关心的是过程中的一部分，我们称为整合。在整合之前，个体是无序的，只是感觉 - 动作现象的集合，由抱持环境收集起来。在整合之后，个体形成，即婴儿达到了统一体状态，能够说“我是”（I AM）（除了不能说话的）。现在个体有个有限的膜，那些非他或她的事物被否认，并且是存在于外界的。他或她现在有了内心，这可以是被收集起来的对经历的记忆，也可以建立在人类本性无限复杂的结构上。

无论这一发育过程是突然产生的，还是在很长一段时间里逐渐出现的，这并没有关系；事实是总会有之前和之后，而这一过程应当有一个属于自己的名字。

毫无疑问，本能体验为整合过程做出了巨大的贡献，但是同样，足够好的环境也一直存在，某人抱着婴儿，足够好地适应需要的改变。一个人只能通过与此阶段相适应的爱这一形式才能做到这样，爱带来与婴儿认同的能力，以及与需要相适应的感受，这是完全值得的。我们说母亲将自己奉献给婴儿，虽然短暂，但却真实。她喜欢专注在这件事上，直到需要她退出的时刻。

我认为，这个“我是”（I AM）的时刻是一个自然的时刻，新的个体感到自己完全暴露了出来。只有当某人把她的手臂环绕在婴儿周围时，“我是”（I AM）才能被忍受，或者也许，我们才能冒这样的危险来暴露。

此刻我想补充，当心理和躯体在空间上处于同一位置时会方便得多，这样有限制的外膜就不仅仅意味着对心理的限制，也象征着躯体的皮肤。那时“暴露”就意味着“赤裸”。

在整合之前存在一种状态，即个体只为观察者而存在。对于婴儿来说，外部世界还没有被分化出来，内在或个人世界或者内在现实也还没有出现。在整合之后，婴儿开始拥有自体。而在这之前，母亲所能做的就是准备好被排除；在这之后，母亲所能做的便是提供支持、温暖、关爱和衣服（很快她就会开始迎合本能）。

也是在整合前的这一阶段中，母亲和婴儿之间还存在一个区域，它既是母亲又是婴儿。如果一切顺利的话，它会逐渐分裂成两部分：婴儿最终否认的那部分和婴儿最终承认的那部分。但我们必须期待这一中间区域的残余能保存下来。我们确实看见它们后来出现在婴儿最初所喜爱的占有物中——也许是毛毯、被单、衣服上的一小块布，或餐巾、妈妈的手帕等。我把这类物品称为“过渡性客体”，这其中的重点是，它既是婴儿创造的，同时也是外在现实的一部分。因此，比起随后即将出现的泰迪熊、娃娃、玩具，父母会更尊重这类过渡性客体。丧失了过渡性客体的婴儿同时也丧失了嘴巴与乳房、手与母亲的皮肤、创造力与客体感知能力。过渡性客体是把个体心理与外在现实连接起来的桥梁之一。

同样，我们很难想象在整合之前，如果没有足够好的养育，婴儿能够存活下来。只有在整合之后，我们才能说，如果母亲失败了，婴儿会死于寒冷、无限地坠落、飞脱或像氢弹一样爆炸，并同时毁灭了自己和世界。

新整合的婴儿处于第一个群体阶段。在此阶段前，只有一些原始的前群体结构，在这一结构中，非整合的元素通过环境连在一起，在环境中这些元素还没有分化开。这个环境就是抱持的母亲。

一个群体就是“我是”的一个成就，也是一个危险的成就。在初始阶段需要一些防护措施，否则被排除的外在世界会回到新的现象中，从各个角度以可以想到的各种方法进行攻击。

如果我们继续这一对个体进化的研究，我们会看到越来越复杂的个人成长让群体的成长更复杂。但在这一点上，让我们跟随我们的基本假设中提示的信息。

群体的形成

我们已经达到了一个**整合的人类统一体**阶段，同时还会有某个我们可能会称为母亲的人提供庇护，她非常了解在新的整合状态中的偏执状态。我希望如果我使用两个术语——“个体统一体”（individual unit）和“母性庇护”（maternal covering），大家能够理解。

群体可能起源于以下任意一种极端情况：

1．有层次的叠加统一体；

2．庇护。

1．成熟群体的形成基础是个体统一体的集合。10个人，他们每个人都整合得很好，松散地将他们10个整合叠加在一起，并在某种程度上共享一层限制性外膜。现在，这层限制性外膜代表了每一个个体成员的皮肤。每一个个体根据个人的整合为组织做出贡献，这倾向于从内部保持群体的完整性。这意味着群体受益于个体的个人经验，其中的每个人都经历过整合的时刻，在他们能够自我庇护之前都得到了他人的庇护。

群体的整合意味着个体首先期待迫害，由于这一原因，某种类型的迫害会人为地制造出群体结构，但不是一个稳定的群体结构。

2．另一个极端是相对失整合的个体集合到一起，能够被庇护，群体因此而形成。这种群体的运作并不是来自于个体，而是源于庇护。个体会经历三个阶段：

A．他们很高兴受到庇护，并获得自信。

B．他们开始利用环境，变得依赖，并退行到失整合状态。

C．他们开始各自独立地达到某种程度的整合，在这些时候他们使用由群体提供的庇护，他们需要这种庇护是因为他们对迫害的期待。庇护机制产生了巨大的张力。某些个体确实能达到个人整合，之后便准备好了转移到其他类型的群体中。另一些个体则不能单靠庇护治愈，他们持续地需要某个机构的管理，并始终不能与机构认同。

我们有可能看出来，在我们所检测的任何群体中哪一个极端占主导地位。“民主”这个词被用来描述最成熟的群体，民主只应用于成人的集合，他们中的绝大多数人都达到了个人的整合（并在其他方面也已成熟）。

青少年群体在监督之下也可能可以达到某种民主的状态。然而，期待民主能使青少年们成熟起来是错误的，即使每个个体都已经成熟了。对于更小的健康儿童来说，任一群体的庇护都必须有据可查，同时我们会通过个体自我结构中促进连续性的、同样的驱动力给每个个体机会，让他们为群体的连续性做出贡献。有限制的群体为个体的贡献提供了机会。

针对适应不良儿童的群体工作

对由健康成人、青少年、儿童组成的群体结构的研究启发了对患病儿童进行群体管理问题的解决，“患病”在此处是指适应不良。

这个令人不愉快的词汇——适应不良——意味着在某个很早的时候，环境就没有能够适当地适应孩子，因此孩子被逼迫，要么自己来进行庇护工作，这样会失去个人的身份，要么被推向社会，强迫他人来行使庇护，这样也许会有机会开始一次新的个人整合。

反社会儿童有两种选择——摧毁真实的自我，或者使社会震惊，直到开始提供庇护为止。在第二种选择中，如果找到了庇护，那么真实自我可能再次出现，而且即使是蹲监狱，也比在毫无意义的遵从中消亡要好。

根据我所描述的两种极端情况，有证据表明，没有一个适应不良的儿童群体会因为男孩或女孩的个人整合而变得黏滞。部分原因可能是群体由青少年或儿童、不成熟的人所组成这一事实，但主要原因是所有的儿童都或多或少地失整合。所以，每一个男孩和女孩都对庇护有超乎寻常的需求，因为他们都是通过这样的方式生病的，在童年早期或婴儿期的某个时刻整合过程负荷过重。

那么，我们以怎样一种方法来为这些儿童提供条件，才能保证我们所提供的能够与他们迈向健康的过程中变化的需要相适应？这里有两种方法：

1．第一种方法是由一个收容所看管同样的儿童群体，并负责照看他们度过这一阶段，它负责在儿童发育的不同阶段提供他们所需要的东西。最初的时候，工作人员提供庇护，群体此时是一个庇护群体。在这一庇护群体中，孩子们（在蜜月期后）会变得更糟，幸运的话他们会达到失整合的最底层。值得庆幸的是，他们不会同时到达这一时刻，这样他们可以互相利用，所以在任一时间里，都会有某个孩子比其他孩子更加糟糕。（摆脱其中一个儿童，这是多么诱人啊，但这样我们总是会在关键时刻失败。）

孩子们一个接一个逐渐达到个人的整合，在 5 ～ 10 年中，他们仍是同一批儿童，但已变成了一个新的群体。庇护技术可以减少一些，而群体也开始通过每个个体内部促成整合的动力来整合。

工作人员总是时刻准备着重建庇护，一旦出现某个儿童在其第一份工作中实施偷窃，或者从某个方面看出孩子出现了与“我是”状态或相对独立的状态有关的恐惧症状。

2．另一种方法是几个收容所形成一个小组一同工作。我们根据每一个收容所的工作类型对其进行分类，并且这些收容所一直保持它的工作类型，例如：

收容所 A 提供 100% 的庇护；
收容所 B 提供 90% 的庇护；
收容所 C 提供 65% 的庇护；
收容所 D 提供 50% 的庇护；
收容所 E 提供 40% 的庇护。

孩子们通过精心安排的参观来了解每一个收容所，这些收容所也经常交换助手。当收容所 A 中的某个儿童达到了某种程度的个人整合，他或她就可以转到下一个收容所。通过这种方法，儿童逐渐进展到收容所 E，收容所 E 能够庇护青春期儿童直至其进入社会。

在这种情况下，这些收容所本身也通过权威部门和收容所委员会得到了庇护。

第二种方法的不足是，除非这一组收容所的工作人员经常见面，彼此之间经常交流并熟知对方的工作，就像方法中所要求的那样，否则他们将无法彼此理解。提供 90% 庇护的收容所做了所有的脏活、累活，它常常会被人鄙视；在这个收容所中会有警报器和逃跑事件。收容所 A 则要好一些，因为这里根本没有个体自由的空间；所有儿童看起来都很开心，生活条件很好，参观者们在 5 类收容所中会最喜欢收容所 A。看护者会需要成为一个独裁者，毫无疑问他（她）会认为其他收容所的失败是由于纪律松散。但是收容所A中的孩子甚至还没有开始，他们只是准备好开始。

在收容所B和收容所C中，儿童随意躺在地上不起来，拒绝吃饭，乱扔他们的短裤，只要有喜欢的冲动就偷东西，恶整猫咪，杀老鼠并把它们埋起来以举行一场他们可以大哭的仪式。在这些收容所中，我们必须要标明：禁止参观。这些宿舍的看守者们有一项永久的工作，就是庇护这些赤裸的灵魂，他们看到的痛苦和在成人精神病院里能看到的一样多。在这样的环境中保持一个好的工作团队是一件非常困难的事情！

总　结

在所有关于收容所作为小组的内容中，我选择讨论群体工作是提升还是降低了个体儿童个人整合的质量。我相信这一关系是基本的：出现提升信号时正是儿童带着自己的整合力量，而出现降低信号时则是收容所在提供庇护，就像为一个赤裸的儿童提供衣服，或为一个新出生的婴儿提供怀抱。

当个人整合因素的分类出现混淆时，收容所便会找不到自己的位置。因为患病儿童的疾病占据了主要地位，更正常的儿童本可以为群体工作做出贡献，却不会再有机会，因为我们必须随时随地为患病儿童提供庇护。

我相信，如果我们能够用简单的语言来对儿童和收容所进行分类，那么我用这种方式对这些问题的过度简化便可以得到证实。那些在这类收容所中工作的人总是被报复，理由却是这些儿童早年脆弱环境的失败，而这并不是他们的错。如果他们承受着巨大的压力接受这一点，在某些案例中甚至可以通过他们的忍耐来纠正过去的失败，那么他们至少必须要知道自己正在做的是什么，以及为什么自己不可能总是成功。

案例的分类

在已经接受了我们之前提出来的观点的基础上，我们有可能逐渐进入到更复杂的群体问题中。我对案例的类型做了一个粗略的分类：

1. 那些由于没有出现整合而生病的孩子，他们不可能为群体做出贡献。

2. 那些发展出了假性自体的儿童，他们能够与环境形成并保持联系，同时又能保护和隐藏真实的自体。在这类案例中存在一种虚假的整合，一旦我们认为这是真的，并让它做出贡献时，这一虚假的整合就会崩溃。

3. 那些表现为退缩的患病儿童。他们已经达到了整合，其防御也是根据良性和恶性力量的重新组合。这些儿童活在他们自己的内部世界中，尽管这是令人担忧的，但却是人为良性的，因为有魔幻的操纵。他们的外在世界则是恶性的或迫害性的。

4. 那些过分强调整合而保持个人整合的儿童，其防御来自于失整合的威胁，其形式正是建立起一个强壮的人格。

5. 已经了解了早年足够好的管理，也已经能够利用带有客体的中间世界，通过呈现出一致性以及有价值的内在和外在客体来获得重要性。尽管如此，他们仍然遭遇着来自他们管理中的持续性中断所带来的痛苦，这类中断会破坏他们对中间客体的使用。这些儿童是复杂的“剥夺综合征”儿童，无论他们何时再次开始希望，其行为都会发展出反社会的素质。他们偷窃，极度渴望感情，并认为我们应该相信他们的谎言。在最好的情况下，他们整体退行，或局部退行如尿床，尿床代表了一种短暂的退行，与梦相关。在最糟的情况下，他们强迫社会包容他们那些意味着希望的症状，虽然他们无法立即从他们的症状中获益。他们不会通过偷窃找到自己想要的，但可能最终（因为有人容忍他们的偷窃行为）会产生出某种程度的新信念，能够对世界提出要求。这个群体包括了所有的反社会行为。

6. 有一个差不多还好的早期开端，但却遭受着来自父母形象的痛苦，他们父母的形象并不适合孩子来认同。这里有数不清的亚群体，例如：

（1）混乱的母亲；

（2）抑郁的母亲；

（3）缺席的父亲；

（4）焦虑的母亲；

（5）父亲似乎是一个严厉的家长，但他并没有获得严厉的权威；

（6）父母吵架且环境喧闹，而儿童又睡在父母房内等。

7．有躁狂抑郁倾向的儿童，可能存在或不存在遗传或基因因素的影响。

8．那些一般都很正常的儿童，除了处于抑郁状态时。

9．那些有迫害欲望的儿童，有被强者欺负或欺负弱者的倾向。这在男孩中可能会形成同性恋行为的基础。

10．有轻度狂躁的儿童，其心身障碍中带着抑郁性质，可以是潜在的，也可以被隐藏起来。

11．所有那些整合得足够好的儿童，其社会化会让他们（当他们生病时）遭受到抑制和强迫，以及为了对抗焦虑而产生防御组织。这些都粗糙地归类在心理神经症类别之下。

12．最后，正常的儿童。我指的是那些在面对环境异常或危险情境时，可以利用任何一种防御机制，但不会由于个人情感发展的扭曲而被某类防御机制驱使的儿童。

〔1955〕

18

关于“民主”意义的思考

首先我要说的是，我意识到我正在对一个自己专业之外的话题进行评论。社会学家和政治学家可能会对我的无礼感到愤恨。然而，我却认为，这对于不时就要跨越边界来工作的人员来说是很有价值的，因为他们可能意识到（确实就像我一样），对熟知相关知识和了解专业术语的人而言，他们的言论毫无疑问是非常幼稚和无知的。

在现代，“民主”这个词已经被赋予异乎寻常的重要性。它被用在各种各样不同的意义当中，如下：

（ⅰ）由人民来统治的社会系统。

（ⅱ）由人民选择领导人的社会系统。

（ⅲ）由人民选择政府的社会系统。

（ⅳ）政府允许人民享有下列自由的社会系统：

(a) 表达思想和观点；

(b) 事业心。

（v）运行良好、物质富裕的社会系统，能够允许个体行动自由。

我们可以研究：

（i）这个词的词源。

（ii）社会制度的历史，如希腊、罗马等。

（iii）现代不同国家和文化对该词的使用，如英国、美国、俄罗斯等。

（iv）独裁者和其他人对这个词的滥用，欺骗人民等。

对任何术语进行讨论时，如民主，显然有一个一致的定义是首要的，这个定义要适合于特定类型的讨论。

使用该术语的心理学

能够从心理学角度研究这一术语的使用吗？我们接受并习惯于对其他较难术语进行心理学研究，如“正常思考”“健康人格”“个人对社会的良好适应”，我们希望这些研究能被证明是有价值的，因为这些研究能完整输入到潜意识的情感因素当中。心理学的任务之一正是学习和呈现存在于对这些概念的使用中的潜在想法，而不局限于对外显的或意识层面意义的关注。

在这里，我尝试着发起一个心理学研究。

术语的有效定义

我们似乎可以发现这一术语重要的潜在意义，即民主社会是“成熟”的，也就是说，这样的社会的素质之一是与成熟个体的素质相联系的，而成熟正是其健康成员的特性。

因此，民主在这里被定义为“能良好适应其健康个体成员的社会”。这一定义与 R. E. 莫尼 - 克尔（Money-Kyrle）所表达的观点（心理健康会议，1948 年公报）一致。

人们如何使用这个术语对心理学家来说很重要。如果这一术语暗含着**成熟**的元素，心理学研究就是有道理的。其建议是，虽然很困难，我们仍然应当找到所有我们能够找到的暗含着“成熟”或“相对成熟”的观点的对这一术语的使用，以及所有能够被承认的定义，从而对这些术语进行适当的定义。

精神健康

在精神病学的术语里，正常或健康的个人是指一个成熟的人，根据他或她的实际年龄和所处的社会环境有一个适当程度的情感发展。(在这一讨论中我们假定躯体是成熟的。)

因此，“精神健康”是一个没有固定意义的术语。同样，“民主”这个术语也不需要一个固定的意义。用于一个社区，民主可能意味着社会结构更成熟，而不是不成熟。这样人们可以预料到这个词语的固定含义在英国、美国、苏联会是不同的，并发现正是因为这个词暗示着将成熟看作是健康而一直保持着它的价值。

我们如何研究社会的情感发育？这一研究必须与对个体的研究紧密联系起来。这两个方面的研究一定要同步进行。

民主机制

我们必须尝试陈述民主机制的公认特点。该机制必须为**选举**领导人的自由投票权、真正的无记名投票而存在。该机制也必须为以无记名投票**罢免领导人**的人民而存在。该机制还必须为**不合逻辑**的选举和弹劾领导人而存在。

民主机制的本质是自由投票（无记名投票）。它的关键在于确保了人们表达深刻感受的自由，除此以外还有意识层面的想法[①]。

在无记名投票时，如果个体足够健康、能够承担的话，整个行为的责任都是由其个人承担的。投票表达了自己内部斗争的结果，外部场景被内化，并与其自己内心世界各种力量的相互作用联成整体。这就是说，决定用哪种方式投票是其自身斗争后的表达。这个过程大致如下。带有许多社会和政治因素的外部环境对个人来说的意义是，他（她）逐渐让自己与斗争中的各派别进行了认同。这意味着个体会按照自己的内部斗争来感受外部环境，他（她）也暂时允许自己按照外部政治环境启动内部斗争。这一往复过程包含工作，也花费时间，是为准备期

[①]在这方面的相应表现是反民主，甚至是秘密的，因为它干扰了对感受的自由表达，并且它仅仅适用于这样一种特殊情形，即聪明并受过教育的人期望对意识清醒时的意见进行测试。

安排的民主机制的一部分。一个突然的选举会在全体选民中产生严重的挫折感。每个选民的内心世界在这段时间内都变成了政治舞台。

如果对选举的保密性有所怀疑，那么无论多么健康的个人，都只会通过其投票表达自己的**反应**。

强制的民主机制

我们有可能拿出一个社会团体，强加给它民主机制，但这不是创造了民主。我们需要有人来继续维持这种机制（为了无记名投票等），并迫使人们接受最后的结果。

天生的民主倾向②

在某个时候，对于有限的社会，即存在自然边界的社会，民主是一个成就。处于真正的民主（就像我们现在对这一术语的使用）中的人可以说：**在这个社会中，在这个时候，有足够比例的个人具备足够成熟的情感发展，这些个体组成的社会存在一个自然的倾向来创造或重新创造并保持民主机制。**

如果确定有一种天生的民主倾向，那么了解成熟个体的比例是有必要的，也非常重要。以另一种方式来表达这一点，即一

②对于“天生的”一词，我试图涵盖下面这些内容：人类本性（遗传的）中的自然趋势萌芽并发展为生活（成熟社会）中的民主之路，但这只能通过个体健康的情感发展才能实现；只有社会群体里的部分个体能够有幸发展成熟，因此，只有经由他们，群体才能实现朝向成熟社会发展的“先天”趋势。

个社会可以容纳多大比例的反社会个体，同时天生的民主倾向还没有被淹没？

推测

如果第二次世界大战，尤其是撤离计划，使英国反社会儿童的比例从 X% 增加到 5X%，则可以很轻易地影响教育系统，使教育的方向朝向 5X% 的反社会孩子们，并会大声疾呼采用独裁的方法，从而远离了剩下（100 – 5X）% 的不反社会的孩子。

十年后这个问题将这样表述，即社会可以通过把这 X% 的罪犯关在监狱里来处理他们，但对 5X% 的罪犯则会产生朝向罪犯的整体调整。

对社会的不成熟认同

一个社会无论什么时候，如果有数量为 X 的个体通过发展出反社会倾向来显示他们缺乏社会责任感，就有数量为 Z 的个体通过可变的倾向——与权威认同——来对内心的不安全感做出反应。这是不健康的、不成熟的，因为它不是一种产生于自我发现的权威认同。这是只有框架，而没有图像，只有形式，却没有保留自发性。这是一种反个体的亲社会倾向。以这种方式发育的人可以被称为“隐藏的反社会者”。

隐藏的反社会者不会比明显的反社会者更像是“完整的人”，因为每个人都需要发现并控制自我以外的外在世界中的冲突性力量。相反，能够表现出抑郁的健康人能够发现自我内在的整体冲突，也能够看到自我以外外在（共享）现实中的整体冲突。当健康的个人聚合到一起时，他们每一个人都贡献了一个整体的世界，因为每一个都是一个完整的人。

“隐藏的反社会者”为社会学上不成熟的领导类型提供了素材。另外，社会中的这一元素极大地强化了源于外显的反社会分子的危险，尤其是因为老百姓很容易让那些有强烈领导欲望的人获得重要职位。一旦获得这样的职位，这些不成熟的领导就会立刻在自己身边聚集那些明显反社会的人，这些人拥护他（不成熟的反个体领导人）成为他们天然的主人（分裂的错误决定）。

立场不确定的人

没有比这个更简单的了，因为如果一个社会团体有（X+Z）% 的反社会个体，这并不意味着就有［100-（X+Z）］% 的人是“社会的”。还有一些人立场不确定。可以这样假设：

反社会者	X%
不确定者	Y%
亲社会但反个体者	Z%
能对社会有贡献的健康人	［100 -（X+Y+Z）］ %
总计	100%

整个民主重担落在［100-（X+Y+Z）］% 的人身上。这些人都是成熟的个体，他们会逐渐在良好的个人发育基础上增加社会意识感。

对英国而言，[100-（X+Y+Z）]% 的比例意味着什么呢？这个数字可能相当小，比如 30%。如果确实有 30% 成熟的人，多达 20% 的立场不确定者将会受到足够的影响而被算作成熟，因此结合起来总数就是 50%。而且，如果成熟人数的比例降到 20%，那么我们相信立场不确定者中以成熟的方式采取行动的数量会下降得更加严重。如果社会团体中 30% 的成熟人数能够招募 20% 的立场不确定者，即总数为 50%，那么 20% 的成熟人数可能只会集合 10% 的不确定者，即总数为 30%。

尽管总数 50% 可能表明从实际目的出发有足够的先天民主倾向，而总数 30% 则不足以避免被大量的反社会者（隐藏的和明显的）和那些因软弱或恐惧而与反社会者联系起来的立场不确定者淹没。

接下来便是反民主倾向，朝向独裁的倾向，其特征首先是对民主表象的狂热支持（这一术语的欺骗功能）。

这一倾向的迹象之一是纠正制度，局部区域的独裁，这是个体不成熟领导的实践基础，他们具有反社会素质（亲社会但反个体）。

这一纠正制度有健康社会拥有的监狱和精神病院，接近它们是危险的，也是由于这一原因，罪犯和精神病患者的医生必须总是保持警惕，以免发现自己在一开始不知情的情况下被利用，成为反民主倾向的代理人。事实上，在对政治或观念上的对手进行纠正处理和对疯狂的患者进行治疗之间必须有一个界线，尽管它们之间的区别很模糊。（这里指的是与真正的心理治疗或甚至是与接受疯狂状态相比，在对精神病患者的治疗中，其物理方法确实存在社会危险因素。在心理治疗中，患者是一个人，与医生是平等的，有权利生病，有权利要求建康以及对自己的政治立场或观点承担全部责任。)

创造先天民主因素

如果民主意味着成熟，成熟代表健康，并且健康是可以被期望的，那么我们会希望知道为了培养它而能够做什么。当然，把民主机制强加在一个国家上是没有用的。

我们必须转向那［100-（X+Y+Z）］% 的群体。一切都取决于他们。这个群体的成员可以促使研究。

我们发现，当这些孩子还是婴儿、儿童或青少年时，与父母或家庭为他们所做的（或没有做到的）事情相比，我们在任何时候做的任何事情都无法增加其先天的民主因素。

然而，我们可以尽量避免损害未来。我们可以尽量避免干扰那些仍然还有希望，并正在应对他们自己的儿童和青少年的家庭。这些**良好的普通家庭**为创造出先天的民主因素提供了唯一环境[③]。这是对积极贡献的一个谦逊的陈述，但其应用却有着令人惊讶的复杂性。

③良好的普通家庭对调查统计来说是一种挑战。它没有新闻价值，不引人注意，也不会使男人、女人们闻名天下。基于 25 年多来我对 20 000 个案例历史资料的切身观察，我认为在我所工作的社区中，良好的普通家庭是普遍存在的，甚至是常见的。

妨碍良好的正常家庭功能的因素

（ⅰ）人们很难认识到民主的核心确实取决于普通的男人和女人，以及正常的、普通的家庭。

（ⅱ）即使有英明的政府政策给予家长自由，让他们按照自己的方式来运转家庭，也无法肯定将这一政策付诸行动的官员会尊重父母的地位。

（ⅲ）良好的普通父母们确实需要帮助。他们需要一切可以提供生理健康以及预防和治疗生理疾病的科学；他们还需要得到儿童护理方面的指导，以及当他们的孩子有心理疾病或行为问题时能够获得帮助。但是，如果他们寻求这种帮助，他们能确保自己的责任不会被解除吗？如果发生这种情况，他们就不再是先天民主因素的创造者。

（ⅳ）许多家长并不是良好的正常家长。他们有精神病史，他们不成熟，或者他们在广义上是反社会的，而仅仅在狭义上是社会化的；或者他们没有结婚，或处于一个不稳定的关系中，或争吵，或分居，等等。这些家长由于自身的缺陷而获得社会的关注。问题是，社会能否意识到阻止其向社会病理特征发展，而使其朝向正常健康的家庭发展？

（ⅴ）在任何情况下，家长都试图为孩子提供一个家，在这里儿童能够作为一个个体成长，每个孩子都会逐步获得与父母认同、之后与更广泛的群体认同的能力，当母亲开始习惯她的婴儿时，这些过程就已经启动了。在这里父亲是保护者，他使母亲能从其他事务中解放出来，全身心地投入到对婴儿的照料中去。

家庭的地位早已被大家认识。近年来，心理学家做了很多工作，他们发现，稳定的家庭不仅能够让儿童找到自己和发现彼此，同时也能够让他们开始具备在更广的意义上成为社会成员的素质。

然而，在干预早期母婴关系的问题上，还需要一些特殊的考虑。我们的社会对此有越来越多的干扰，并有额外的危险来自于心理学家一再声明的一个事实，即在最初的时候只有躯体护理值得考虑。这意味着，在一般人的潜意识幻想中，那些最可怕的想法集中在母婴关系周围。潜意识中的焦虑在实践中以下列方式呈现出来：

（a）内科医生甚至心理学家过分强调生理过程和健康。

（b）各种理论，如母乳喂养是不好的，婴儿应该从一出生就开始接受训练，婴儿不应该由母亲来管理等；以及（消极的一面）母乳喂养**必须**建立，不应该给予任何形式的训练，绝不应允许孩子哭等。

（c）在最初的几天干扰母亲与婴儿的接触，干扰母亲最初向她的婴儿展示外部现实。毕竟，这是新个体获得能力的基础，婴儿最终获得与日益扩大的外部现实相联系的能力，而如果母亲通过全身心投入做出的巨大贡献被破坏或阻止，那么这个个体便不可能进入可以产生先天民主因素的那［100-(X+Y+Z)］%的群体。

附属主题的发展：个人选举

民主机制的另一个核心部分是被选举出来的是一个人。在这方面，全世界的情况概括如下：(ⅰ) 给一个人投票；(ⅱ) 带着倾向给政党投票；(ⅲ) 投票支持一个旗帜鲜明的原则。

(ⅰ) 选举一个人意味着选民作为人是相信自己的，因此也相信他们提名或投票选取的人。当选者有机会作为一个人来采取行动。作为一个完整（健康）的人，他（她）有所有的内在冲突，这让他（她）能够获得关于整体外部形势的看法，尽管是个人的。当然，他（她）可能属于某个政党，大家都知道他（她）有一定的政治倾向。尽管如此，他（她）仍然能够以一种微妙的方式适应不断变化的外部条件，如果他（她）确实能够改变自己的主要倾向，便能够使自己连任。

(ⅱ) 政党或群体倾向的选举则相对来说不太成熟。它并不要求选民对某人信任。但是，尽管如此，对不成熟的人来说，它仍然是唯一合乎逻辑的程序，这恰恰是因为不成熟的人无法想象或者信任一个真正成熟的个人。选举一个政党或倾向的结果是对事不对人，建立的是一种僵硬的观点，对微妙反应的病态适应。这件被选举出来的事不可能被爱或被恨，它对于那些自我意识发育较差的人来说是合适的。当选举的重点是选举原则或政党而非选举个人时，我们可以说这样的投票系统是不够民主的，因为不太成熟（就个体的情感发育而言）。

（ⅲ）与任何和“民主”这个词有关的事物相去甚远的是对特殊问题的投票。这样的公民投票是完全不成熟的（尽管在某些特殊情况下，这也会被用在成熟的系统中）。公民投票不起任何作用，具体的例子是在两次世界大战之间英国的和平投票。人们被问到一个特殊的问题（你更喜欢和平还是战争？）。许多人放弃了投票，因为他们知道这个问题是不公正的。在那些参与了投票的人当中，很大比例的人在“和平”一词后面画了勾，虽然在实际情况中，当环境重新安排时，若战争来临，他们也会赞成战争并参加到战斗中去。重点在于这种问题只提供了表达**意识层面**的希望的空间。在这样的投票中选择“和平”一词和在投票选举中选择一个著名的渴望和平的人之间毫不相关，战斗失败并不意味着对愿望和责任的惰性放弃，也不意味着背叛朋友。

同样的反对理由适用于大部分的盖洛普民意调查（Gallup Poll）和其他调查问卷，尽管采取了很多复杂的方法以避免这种陷阱。在任何情况下，就特殊问题的投票实际上是对某人投赞成票的可怜的替代品，他（她）一旦当选，就有时间和空间使用自己的判断。公民投票与民主没有任何关系。

对民主倾向的支持：总结

1. 最有价值的支持是以消极方式建立无干扰的正常良好的母婴关系和正常良好的家庭。

2. 为了获得更多的理论支持，即使是对于这种消极方式，也需要对各年龄阶段婴儿和儿童的情感发育，以及不同养育阶段的母亲和父亲的功能心理学进行研究。

3. 这项研究的存在表明了对民主程序中教育价值的信任。当然目前这只能是一种理解，只对情感成熟或健康的个体有益。

4. 另一个重要的消极贡献是避免尝试把民主机制移植到所有社会团体中，因为其结果只能是失败和阻碍真正民主的成长。可选择的、有价值的做法是支持情感成熟的个体，无论数量多么少，让时间来做剩下的事情。

人——男人或女人？

需要考虑的重点是，“人”（person）这个词语是否能替换成“男人”（man）或“女人”（woman）。

事实上，大多数国家的政治首脑都是男人，虽然女人越来越多地担任重要的职位。也许我们可以假设男人和女人有相等的能力条件；或者，换句话说，我们不能说只有男人符合最高政治职位对智力和情感能力的要求。尽管如此，这仍然不能解决问题。心理学家的任务是引起人们对**潜意识**因素的注意，潜意识因素常常被忽视，甚至是对这一类话题进行严肃讨论的时候。我们必须要考虑的事情是，被选举为政治领袖的是男人还是女人这一潜意识。如果在想象中男性或女性当选是有区别的，那么这就不能被忽视；此外，对于以下评论也不应当忽视，即认为幻想“只是幻想”，不能算数。

在精神分析和相关的工作中我们发现，所有个体（男人和女人）都储备了一定的对女性[④]的恐惧。有些人的恐惧比其他人程度更深，但这种恐惧是普遍的。这种恐惧与说一个人害怕一个女人是完全不同的。对**女性**的恐惧在社会结构中是一个强大的因素，也是造成几乎没有社会会出现女人掌握政治缰绳的原因。正是因为这个原因，几乎所有的文明都有残酷对待妇女的风俗。

我们已经了解了害怕**女性**的根源。这与每一个人——发展良好、心智健全且已经能够认识自我的人——的早年经历有关，

[④]在这里详细讨论这点是不合适的，但是如果能够逐步探讨，这个观点就可能被很好地理解：

（ⅰ）在极早的童年对父母的恐惧。

（ⅱ）对混合形象的恐惧，如一个有男性潜力的女性，包括她的力量（女巫）。

（ⅲ）对母亲的恐惧，这个母亲在婴儿存在的早期拥有绝对的力量，可以提供或失于提供个体早期建立自体所必需的东西。

对此的深入讨论见‘The Mother's Contribution to Society’，the Postscript to The Child and the Family by D. W. Winnicott（London：Tavistock Publications，1957）；以及 the Introduction to The Child，the Family，and the Outside World by D. W. Winnicott（Harmondsworth：Penguin Books，1964）.

在此阶段他们都欠女人的——当个体还是婴儿的时候，女人把自己奉献给了他（她），这些贡献对个体的健康发育是至关重要的。人们并不会记得最初的依赖，因此这个债务也不被承认，但对**女性**的恐惧代表了这种承认的第一个阶段。

个体精神健康的基础从一开始母亲单纯地把自己贡献给婴儿，而婴儿则因为完全没有意识到依赖而产生双倍的依赖时就已经定下了。这与具有同样品质的父亲却没有关系，也因为这个原因，群体通常会认为处于政治高层的男人比在同样地位的女人处理事情要客观得多。

妇女们常常声称如果由她们来主管各项事务，就不会有战争。这遭到大家怀疑也是有原因的，但是，即使这些声明是合理的，男人或女人也仍然不能忍受女性总是处于政治力量的高端这一普遍原则。（王位在政治之外或超越了政治，所以不受这些想法的影响。）

作为这一考虑的分支，我们可以想到独裁者的心理，他们反对所有“民主”这个词可能意味的事情。**成为独裁者的根源之一是需要通过将女人包围起来或替代女人的功能来解决他们对女性的恐惧**。独裁者古怪的习惯——不仅要求绝对的服从和绝对的依赖，还要求“爱戴”——都源于此。

另外，群体接受甚至寻求**真实**统治的倾向源于对被**幻想的女人**统治的恐惧。这种恐惧促使他们去寻找甚至欢迎一个知名人物的统治，尤其是那些承担起了人格化重任的人，这样便限制了幻想中的全能女人的魔幻品质，这些幻想中的女性是他们的巨大债主。独裁者会被推翻，并且最终必然会死去；但是对于原始潜意识幻想中的女性形象而言，其存在或力量是没有任何限制的。

亲子关系

民主的建立包括为选举出的统治者提供一定程度的稳定性，只要他们能在不疏远支持者的前提下处理好自己的工作，他们就能继续下去。以这样的方式，人们安排了一定的稳定性，这种稳定性不可能通过对每件事情的直接投票来维持，即使这是有可能做到的。从心理学角度来说，在每一个个体的历史中都有亲子关系这一事实。虽然就政治生活中成熟的民主形式而言，选民被假定为成熟的人，但我们也不能假设这里没有残存的亲子关系，这种亲子关系是有显著益处的。在民主选举中，某种程度上成熟的人民会选出临时父母，这意味着他们也承认一个事实，即在某种程度上选民还保留着孩子的一部分。即使是选举出的临时父母——民主政治体系的统治者，在其职业政治生涯之外，他们自己也是孩子。如果他们驾车超速，也会受到一般的司法谴责，因为驾车并不属于他们统治工作的某部分。作为政治领袖，也只有当他们是政治领袖时，他们才是临时“父母”，被罢免后他们又会回到儿童的身份。这就像玩过家家一样方便，因为事情这样发展会更好。换句话说，因为亲子关系中的优点，其中的某些部分被保留了下来；但是，也正因为这是可能的，所以有足够比例的个体需要有足够的成长，这样他们才不会介意假扮儿童。

同样，我们常常认为如果这些假扮父母的人自己没有父母，这是不好的。在此游戏中，我们普遍认为应该有一个众议院，由人民直接选出来的统治者们应当对这一议院负责。在这样的国家，这个职能属于上议院，上议院在一定程度上由那些有继承权的人和那些在公共机构的分支机构中赢得卓越地位的人组成。再者，“父母”的“父母”也是人，并且作为人能够做出积极的贡献。这使爱、恨、尊重或轻视他人变得有意义。在一个社会中，人和至高地位是无法被替代的，因此我们会根据社会的情感成熟质量来评价一个社会。

另外，在英国一项对社会环境的研究中，我们能够看到与王位相比，上议院的成员们是“儿童”。这里，在每一个案例中，我们重新回归个人，他们通过遗传来保持自己的位置，也通过自己的人格和行为来维持他人的爱。当在位君主十分轻松、真诚地把事情进一步推进到下一个阶段，并宣布对上帝的信仰时，这当然是有帮助的。这里我们接触到与濒死的上帝和永恒的君主相互关联的主题。

民主的地域界限

就有成熟社会结构的民主发展而言，似乎社会有某些自然的地域界限是非常有必要的。显然，直到最近甚至现在，英国四面环海（除了与爱尔兰接壤外）仍是我们这一社会结构成熟的主要原因。瑞士有（令人不满意的）山的限制。直到现在，美国仍有地处西方的优势，这提供了无限制开发的可能；这意味着只有与积极的关系联合时，美国才需要开始充分感受到封闭社会的内部斗争，除了恨以外，也因为爱，二者联合在了一起。

一个没有自然边界的国家不可能放松对邻国的主动适应。在某种意义上，恐惧简化了情绪状态，对于许多不确定者（Y）和一些不严重的反社会者（X），能够在对外部迫害性威胁做出一致性反应的基础上与国家认同。然而，这种简化对朝向成熟的发展是有害的，这是一件困难的事情，包括对核心冲突的充分认识以及任何出路或变通办法（防御）的失用。

任何情况下，社会的基础都是全人类的人格，而且这种人格是有限的。一个健康人可以用圆圈（球体）来代表，这样任何非我都可以描述为在此人的内部或外部。在社会建立的过程中，个人的发展远不及他（她）自己的个人成长。

由于这些原因，我们谨慎地使用像"世界公民"这样的术语。可能只有少数伟大而年老的男人和女人能在他们自己的发育中达到这样的程度，即他们用广义的术语来思考问题是有道理的。

如果整个世界都是我们这样的社会，那么它可能会时不时地陷入抑郁状态中（就像一个人有时不可避免地会这样），而且它还必须能充分认识到自身的核心冲突。全球性社会的概念不仅带来了世界幸福的思想，也带来了世界自杀的思想。正是由于这个原因，我们预想"世界一体"的激进支持者会是那些处于躁狂状态的躁狂抑郁症患者。

民主学的教育

现存的民主倾向可以借由对社会心理学和个体成熟的研究而得以加强。我们必须用能够理解的语言将这些研究成果应用到现有的民主和健康的个体身上，这样他们可能会有更理智的自我意识。除非具有这种自我意识，否则他们不知道要攻击什么、捍卫什么，或者他们也无法识别出对民主有威胁的因素。“自由的代价是永恒的警戒”，但是谁来警戒？——100-（X+Y+Z）%成熟个体中的两、三人。其他人则忙于做正常的好家长，把成长和保持成长的工作传给他们的孩子。

战时民主

战争时有民主吗？这个问题必须提出来。答案当然不是简单的“yes”。事实上，有几个原因可以说明战时我们应该宣布暂停民主。

很显然，成熟健康的个体集合起来形成了民主，这些个体应该有能力参战：（ⅰ）提供成长空间；（ⅱ）捍卫已经拥有的、有价值的事物等；（ⅲ）如果有人通过战争来支持反民主倾向，他们能够与这些反民主倾向斗争。

尽管如此，事情仍然很难以这样的方式解决。根据上面的描述，一个社会团体永远不可能由百分之百的健康成熟个体组成。

只要战争逼近，群体就会重组，这样战时就不会是由健康人来进行全部的战斗。根据我们之前提出的四组，分述如下：

(a) 反社会者中的许多人，以及一些轻微的偏执狂患者，会因为真实的战争而感到好一些，他们欢迎真正的迫害性威胁。他们通过战争活动发现了亲社会倾向。

(b) 在立场不确定的人当中，许多人会跨入正在进行的事情中，也许运用战争的严酷现实来让自己成长，否则他们会做不到。

(c) 在那些潜在的反社会者中，很有可能某些人会找到机会，急切地想要占据战争创造出来的众多的关键地位。

(d) 成熟健康的个体不必像其他人那样来显示自己。他们也不像其他人那样肯定敌人就是坏的。他们有所怀疑。他们在世界文化、美和友谊方面有更多积极的倾注，他们不会轻易相信战争是有必要的。与近似偏执狂相比，他们拿起枪、扣动扳机都较慢。事实上，他们错过了开往前线的大巴，但如果他们能到达前线，则会是最可靠和最能适应逆境的人。

另外，某些和平年代的健康人在战争中会变成反社会者（良心反对者），他们不是出于怯懦，而是源于真正的自我怀疑，就像和平时代的反社会者往往在战争中的勇敢行为中找到自己。

因为这些和其他原因，当民主社会参战时，是整个群体在战斗，我们很难发现某个战争是由于某个在和平时代提供了先天民主因素的社会团体所引起的。

当战争扰乱一个民主国家时，那一刻民主已经结束了，那些喜欢民主生活方式的人将必须重新开始，并在外在冲突结束之后，为在群体内部重建民主机制而进行斗争。

这是一个很大的主题，值得思想开阔的人去关注。

总　结

1．“民主”这一词语的使用能够以它所暗含的“成熟”意义为基础，从心理学的角度进行研究。

2．无论是民主还是成熟，都不能强行植入到一个社会中。

3．在任何时候，民主都是一个有限社会的成就。

4．社会团体中天生的民主因素源于正常良好家庭的运作。

5．促进民主倾向的主要活动形式是消极的：避免对正常良好家庭的干扰。基于已有知识而进行的心理学和教育学研究能够提供更多的帮助。

6．正常的好母亲对婴儿有特殊重要的贡献。这种贡献最终产生了情感成熟的能力。社会中对此的大量干预会迅速减少社会的民主潜能，就像会减少文化的丰富性一样。

〔1950〕